Der Anti-Stress-Trainer für Mediziner

Hardy Walle

Der Anti-Stress-Trainer für Mediziner

Seien Sie entspannt in Klinik und Praxis!

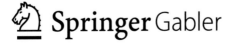

Hardy Walle
Bodymed AG
Kirkel, Deutschland

ISBN 978-3-658-12394-9   ISBN 978-3-658-12395-6   (eBook)
DOI 10.1007/978-3-658-12395-6

Die Deutsche Nationalbibliothek verzeichnet diese Publikation in der Deutschen
Nationalbibliografie; detaillierte bibliografische Daten sind im Internet über http://
dnb.d-nb.de abrufbar.

Springer Gabler
© Springer Fachmedien Wiesbaden 2017

Lektorat: Annika Hoischen
Redaktion: Marina Bayerl
Coverdesign: deblik Berlin

Gedruckt auf säurefreiem und chlorfrei gebleichtem Papier

Springer Gabler ist Teil von Springer Nature
Die eingetragene Gesellschaft ist Springer Fachmedien Wiesbaden GmbH
Die Anschrift der Gesellschaft ist: Abraham-Lincoln-Str. 46, 65189 Wiesbaden,
Germany

Geleitwort

Stress spielt in unserer modernen Gesellschaft eine bedeutende Rolle.

Es beginnt mit den Kleinsten bereits in der Kita und endet bei älteren Menschen in einer komplizierten und sich technisch rasant entwickelnden Umgebung.

In seinem Buch *„Kein Stress mit dem Stress"* stützt sich Dr. Hardy Walle auf eine breite Erfahrung als Arzt, der wie die meisten von uns Höhen und Tiefen in seinem Beruf oder privaten Umfeld erlebt hat.

So kann er seine Erlebnisse mit Patienten, Freunden und Bekannten zu Recht „mitten aus dem Leben" bezeichnen, und ihm gelingt ein Ratgeber (nicht nur für Ärzte) für jedermann.

In Ausnahmesituationen – z. B. bei Glücksmomenten oder Gefahr – laufen Stressreaktionen im Körper ab, um schnell zu reagieren. Dann verspüren wir einen Kick, der sogar als gewünscht oder wohltuend empfunden wird, und nicht schadet.

Hält der Stress an, entwickelt sich ein Zustand von Dauerstress, der sich schädlich auf Körper und Seele auswirken kann und dann gefährlich wird.

Fast täglich ist aus Politik, Wirtschaft, Medien und Gesundheitswesen zu erfahren, dass Überforderung, mangelnde Ruhephasen oder Entspannung zur Einbuße der Leistung führen. Die damit verbundene Belastung, die ständig geforderten Leistungssteigerungen und Angst vor Versagen entwickeln sich zu einem Teufelskreis, der dann zu Blockaden und Kontrollverlust führt.

Kritisch beschreibt der Autor das Dasein eines Arztes zwischen Eustress und Distress, Probleme wie Sucht, Burn-out und Suizid und Wege aus dem täglichen Dilemma Stress. Einfache und wirkungsvolle Konzepte sollen nicht nur für Ärzte gelten, für jeden sind sie als wirksame Hilfe gedacht.

Alle somatischen Ursachen, die Stress auslösen können, müssen vorher ausgeschlossen werden!

So erfährt auch der Laie auf Körpersignale zu achten, die als Vorboten des Dauerstress gelten und wie sie wirksam bekämpft werden können.

Klar, übersichtlich und für jeden verständlich sind wesentliche Tipps zum Stressabbau aufgeführt:

Bewegung, Autogenes Training, Muskelentspannung nach Jacobsen Ausführungen über gesunden Schlaf und Anleitung einer gesunden Ernährung.

Die Anleitungen für eine menschliche Medizin, die sich auf *HINSEHEN – ZUHÖREN – MITFÜHLEN* bezieht, ist als Anregung und Ratschlag – auch für Patienten – gedacht.

Die erfolgreiche Bewältigung von Stresssituationen, ja die Entwicklung von Stresstoleranz oder Resilienz hat Walle für den Leser zuletzt in 10 Punkten zusammengefasst.

Ich kann diesen Ratgeber nur empfehlen und hoffe, dass ein großer Leserkreis erreicht wird.

Bonn, Deutschland   Walter Möbius
im Mai 2016

Vorwort

Warum noch ein Buch über Stress?

Das habe ich mich zunächst auch gefragt. Stressbücher gibt es mehr als genügend, ebenso Bücher über Work-Life-Balance, Stressvermeidung oder andere „schlaue" Ratgeber. Deshalb ist dieses Buch auch anders! Anders als die meisten Bücher, die Sie vielleicht bisher zum Thema Stress oder Work-Life-Balance gelesen haben.

Ich habe versucht, in diesem Buch zu beschreiben, was (nicht nur) Ärzten im Alltag hilft, besser mit Stress umzugehen, besser mit Stress klarzukommen und einfach mehr Freude am Leben zu haben. Dieses Buch ist ein Ratgeber „Mitten aus dem Leben"! Das heißt, ich beleuchte nicht nur den Praxisalltag, sondern auch den privaten Alltag, den finanziellen Alltag, den seelischen Alltag und alles was

Sie sonst noch so bedrückt. Dabei sollten Sie nicht jedes Wort auf die Goldwaage legen, da ich auch versuche, Sie wach zu rütteln, Sie zu provozieren oder einfach zum Nachdenken anzuregen.

Das Buch soll Ihnen mehr geben als die bekannten Tipps und Tricks, die Sie in den allzu vielen Ratgebern finden. Aber es bietet auch keine Patentlösungen an. Ich berichte einfach aus meinem jetzt mehr als 30-jährigen Arztleben, aus meinem „privaten" Leben mit Schicksalsschlägen und aus meinem jetzigen Alltag als Arzt und Unternehmer.

Ich will Ihnen zeigen, wie es mir gelungen ist, trotz des ganzen Stresses, die Freude am Leben zu erhalten. Und ich will Ihnen auch die Erfahrungen und Empfehlungen von Freunden und Bekannten, die in ganz anderen Berufen ihr Leben erfolgreich gemeistert haben und meistern, weitergeben.

Das Lesen dieses Buches soll für Sie kurzweilig sein. Es soll Ihnen einen Blumenstrauß von Möglichkeiten zur Stressbewältigung aufzeigen, von denen die eine oder andere Blume auch für Sie passt. Das Buch soll Ihnen vor allem Freude bereiten. Probieren Sie doch einfach den einen oder anderen Tipp aus, so ungewöhnlich er Ihnen auf den ersten Blick auch erscheinen mag.

Ich wünsche Ihnen, dass Sie in Zukunft nicht nur weniger Stress, sondern vor allem mehr Freude im Leben haben.

Kirkel, Deutschland   Hardy Walle

Inhaltsverzeichnis

Über den Autor

Dr. Hardy Walle (Jahrgang 1958, verwitwet, 4 Kinder) ist Facharzt für Innere Medizin und Ernährungsmediziner. Dr. Walle ist seit 1993 als fachärztlicher Internist niedergelassen, seit 2006 führt er eine Privatpraxis mit dem Schwerpunkt Ernährungsmedizin.

Parallel zu seiner Praxistätigkeit entwickelte er das Bodymed-Ernährungskonzept, welches heute zu den führenden ärztlich geleiteten Ernährungskonzepten in Deutschland gehört und durch die Aufnahme in die S3-Leitlinie „Prävention und Therapie der Adipositas" 2014 die wissenschaftliche Anerkennung von allen Fachgesellschaften fand. 2014 wurde Dr. Walle in die deutsche Akademie für Ernährungsmedizin (DAEM) berufen.

Neben zahlreichen Fachbeiträgen und Studien hat er auch mehrere Bücher publiziert und hält pro Jahr über 100 Fachvorträge zu den Themen Ernährung, orthomolekulare Therapie, Performance-Optimierung und Stressmanagement. Er ist Gründer und Vorstand der Bodymed AG und betreibt eine eigene Gesundheitspraxis im Saarland.

Weitere Infos unter www.dr-walle.de

1

Kleine Stresskunde: Das Adrenalinzeitalter

Peter Buchenau

Bevor es richtig losgeht:

Das Konzept der Reihe

Möglicherweise kennen Sie bereits meinen Anti-Stress-Trainer (Buchenau 2014). Das vorliegende Kapitel greift darauf zurück, weil das Konzept der neuen Anti-Stress-Trainer-Reihe die Tipps, Herausforderungen und Ideen aus meinem Buch mit den jeweiligen Anforderungen der unterschiedlichen Berufsgruppen verbindet. Die Autoren, die jeweils aus Ihrem Jobprofil kommen, schneiden diese Inhalte dann für Sie zu. Viel Erfolg und passen Sie auf sich auf.

Leben auf der Überholspur: Sie leben unter der Diktatur des Adrenalins. Sie suchen immer den neuen Kick, und das nicht nur im beruflichen Umfeld. Selbst in der

© Springer Fachmedien Wiesbaden 2017
H. Walle, *Der Anti-Stress-Trainer für Mediziner,*
DOI 10.1007/978-3-658-12395-6_1

Freizeit, die Ihnen eigentlich Ruhephasen vom Alltags-stress bringen sollte, kommen Sie nicht zur Ruhe. Mehr als 41 % aller Beschäftigten geben bereits heute an, sich in der Freizeit nicht mehr erholen zu können. Tendenz stei-gend. Wen wundert es?

Anstatt sich mit Power-Napping (Kurzschlaf) oder Ext-rem-Coaching (Gemütlichmachen) in der Freizeit Ruhe und Entspannung zu gönnen, macht die Gesellschaft ver-mehrt Extremsportarten wie Fallschirmspringen, Paragli-ding, Extremclimbing oder Marathon zu ihren Hobbys. Jugendliche ergeben sich dem Komasaufen, der Einnahme von verschiedensten Partydrogen oder verunstalten ihr Äußeres massiv durch Tattoos und Piercing. Sie hasten nicht nur mehr und mehr atemlos durchs Tempoland Freizeit, sondern auch durch das Geschäftsleben. Ständige Erreichbarkeit heißt die Lebenslösung. Digitalisierung und mobile virtuelle Kommunikation über die halbe Weltku-gel bestimmen das Leben. Wer heute seine E-Mails nicht überall online checken kann, wer heute nicht auf Face-book, Instagram & Co. ist, ist out oder schlimmer noch, der existiert nicht.

Klar, die Anforderungen im Beruf werden immer kom-plexer. Die Zeit überholt uns, engt uns ein, bestimmt unseren Tagesablauf. Viel Arbeit, ein Meeting jagt das nächste, und ständig klingelt das Smartphone. Multitas-king ist angesagt, und wir wollen so viele Tätigkeiten wie möglich gleichzeitig erledigen.

Schauen Sie sich doch mal in Ihren Meetings um. Wie viele Angestellte in Unternehmen beantworten in solchen Treffen gleichzeitig ihre E-Mails oder schreiben Whats-App-Nachrichten? Kein Wunder, dass diese Mitarbeiter dann nur die Hälfte mitbekommen und Folgemeetings notwendig sind. Ebenfalls kein Wunder, dass das Leben einem davonrennt. Aber wie sagt schon ein altes chinesisches Sprichwort: „Zeit hat nur der, der sich auch Zeit nimmt." Zudem ist es unhöflich, seinem Gesprächspartner nur halb zuzuhören.

Das Gefühl, dass sich alles zum Besseren wendet, wird sich mit dieser Einstellung nicht einstellen. Im Gegenteil: Alles wird noch rasanter und flüchtiger. Müssen Sie dafür Ihre Grundbedürfnisse vergessen? Wurden Sie mit Stress oder Burn-out geboren? Nein, sicherlich nicht. Warum müssen Sie sich dann den Stress antun?

Zum Glück gibt es dazu das Adrenalin. Das Superhormon, die Superdroge der High-Speed-Gesellschaft. Bei Chemikern und Biologen auch unter $C_9H_{13}NO_3$ bekannt. Dank Adrenalin schuften Sie wie ein Hamster im Rad. Schneller und schneller und noch schneller. Sogar die Freizeit läuft nicht ohne Adrenalin. Der Stress hat in den letzten Jahren dramatisch zugenommen und somit auch die Adrenalinausschüttung in Ihrem Körper.

Schon komisch: Da produzieren Sie massenhaft Adrenalin und können dieses so schwer erarbeitete Produkt nicht verkaufen. Ja, nicht mal verschenken können Sie es. In welcher Gesellschaft leben Sie denn überhaupt, wenn Sie für ein produziertes Produkt keine Abnehmer finden?

Deshalb die Frage aus betriebswirtschaftlicher Sicht an alle Unternehmer, Führungskräfte und Selbstständigen: Warum produziert Ihr ein Produkt, das Ihr nicht am Markt verkaufen könnt? Wärt Ihr meine Angestellten, würde ich Euch wegen Unproduktivität und Fehleinschätzung des Marktes feuern.

Stress kostet Unternehmen und Privatpersonen viel Geld. Gemäß einer Studie der Europäischen Beobachtungsstelle für berufsbedingte Risiken (mit Sitz in Bilbao) vom 04.02.2008 leidet jeder vierte EU-Bürger unter arbeitsbedingtem Stress. Im Jahre 2005 seien 22 % der europäischen Arbeitnehmer von Stress betroffen gewesen, ermittelte die Institution. Abgesehen vom menschlichen Leid bedeutet das auch, dass die wirtschaftliche Leistungsfähigkeit der Betroffenen in erheblichem Maße beeinträchtigt ist. Das kostet Unternehmen bares Geld. Schätzungen zufolge betrugen die Kosten, die der Wirtschaft in Verbindung mit arbeitsbedingtem Stress entstehen, 2002 in den damals noch 15 EU-Ländern 20 Mrd. EUR. 2006 schätzte das betriebswirtschaftliche Institut der Fachhochschule Köln diese Zahl alleine in Deutschland auf 80 bis 100 Mrd. EUR (Buchenau 2014).

60 % der Fehltage gehen inzwischen auf Stress zurück. Stress ist mittlerweile das zweithäufigste arbeitsbedingte Gesundheitsproblem. Nicht umsonst hat die Weltgesundheitsorganisation WHO Stress zur größten Gesundheitsgefahr im 21. Jahrhundert erklärt. Viele Verbände wie zum Beispiel der Deutsche Managerverband haben Stress und Burn-out auch zu zentralen Themen ihrer Verbandsarbeit erklärt.

1.1   Was sind die Ursachen?

Die häufigsten Auslöser für den Stress sind der Studie zufolge unsichere Arbeitsverhältnisse, hoher Termindruck, unflexible und lange Arbeitszeiten, Mobbing und nicht zuletzt die Unvereinbarkeit von Beruf und Familie. Neue

Technologien, Materialien und Arbeitsprozesse bringen der Studie zufolge ebenfalls Risiken mit sich.

Meist Arbeitnehmer, die sich nicht angemessen wertgeschätzt fühlen und auch oft unter- beziehungsweise überfordert sind, leiden unter Dauerstress. Sie haben ein doppelt so hohes Risiko, an einem Herzinfarkt oder einer Depression zu erkranken. Anerkennung und die Perspektive, sich in einem sicheren Arbeitsverhältnis weiterentwickeln zu können, sind in diesem Umfeld viel wichtiger als nur eine angemessene Entlohnung. Diesen Wunsch vermisst man meist in öffentlichen Verwaltungen, in Behörden sowie Großkonzernen. Gewalt und Mobbing sind oft die Folge.

Gerade in Zeiten von Wirtschaftskrisen bauen Unternehmen und Verwaltungen immer mehr Personal ab. Hetze und Mehrarbeit aufgrund von Arbeitsverdichtung sind die Folge. Zieht die Wirtschaft wieder an, werden viele offene Stellen nicht mehr neu besetzt. Das Ergebnis: Viele Arbeitnehmer leisten massive Überstunden. 59 % haben Angst um ihren Job oder ihre Position im Unternehmen, wenn sie diese Mehrarbeit nicht erbringen, so die Studie.

Weiter ist bekannt, dass Druck (also Stress) Gegendruck erzeugt. Druck und Mehrarbeit über einen langen Zeitraum führen somit zu einer Produktivitäts-Senkung. Gemäß einer Schätzung des Kölner Angstforschers Wilfried Panse leisten Mitarbeiter schon lange vor einem Zusammenbruch 20 bis 40 %weniger als gesunde Mitarbeiter.

Wenn Vorgesetzte in diesen Zeiten zudem Ziele schwach oder ungenau formulieren und gleichzeitig Druck ausüben, erhöhen sich die stressbedingten Ausfallzeiten, die dann von den etwas stressresistenteren Mitarbeitern aufgefangen werden müssen. Eine Spirale, die sich immer tiefer in den Abgrund bewegt.

Im Gesundheitsbericht der Deutschen Angestellten Krankenkasse (DAK) steigt die Zahl der psychischen Erkrankungen massiv an und jeder zehnte Fehltag geht auf das Konto stressbedingter Krankheiten. Gemäß einer Studie des DGB bezweifeln 30 % der Beschäftigten, ihr Rentenalter im Beruf zu erreichen (Buchenau 2014). Frühverrentung ist die Folge. Haben Sie sich mal für Ihr Unternehmen gefragt, wie viel Geld Sie in Ihrem Unternehmen für durch Stress verursachte Ausfallzeiten bezahlen? Oder auf den einzelnen Menschen bezogen: Wie viel Geld zahlen Sie für Ihre Krankenversicherung und welche Gegenleistung bekommen Sie von der Krankenkasse dafür?

Vielleicht sollten die Krankenkassen verstärkt in die Vermeidung Stress verursachender Aufgaben und Tätigkeiten investieren anstatt Milliarden unüberlegt in die Behandlung von gestressten oder bereits von Burn-out betroffenen Menschen zu stecken. In meiner Managerausbildung lernte ich bereits vor 20 Jahren: „Du musst das Problem an der Wurzel anpacken." Vorbeugen ist immer noch besser als reparieren.

Beispiel: Bereits 2005 erhielt die London Underground den Unum Provident Healthy Workplaces Award (frei übersetzt: den Unternehmens-Gesundheitsschutz-Präventionspreis) der britischen Regierung. Alle 13.000 Mitarbeiter der London Underground wurden ab 2003 einem

Stress-Regulierungsprogramm unterzogen. Die Organisation wurde angepasst, die Vorgesetzten auf Früherkennung und Stress reduzierende Arbeitstechniken ausgebildet, und alle Mitarbeiter wurden über die Gefahren von Stress und Burn-out aufgeklärt. Das Ergebnis war verblüffend. Die Ausgaben, bedingt durch Fehlzeiten der Arbeitnehmer, reduzierten sich um 455.000 britische Pfund, was einem Return on Invest von 1:8 entspricht. Mit anderen Worten: Für jedes eingesetzte britische Pfund fließen acht Pfund wieder zurück ins Unternehmen. Eine erhöhte Produktivität des einzelnen Mitarbeiters war die Folge. Ebenso verbesserte sich die gesamte Firmenkultur. Die Mitarbeiter erlebten einen positiven Wechsel in Gesundheit und Lifestyle (Buchenau 2014).

Wann hören Sie auf, Geld aus dem Fenster zu werfen? Unternehmer, Führungskräfte, Personalverantwortliche und Selbstständige müssen sich deshalb immer wieder die Frage stellen, wie Stress im Unternehmen verhindert oder gemindert werden kann, um Kosten zu sparen und um somit die Produktivität und Effektivität zu steigern. Doch anstatt in Stresspräventionstrainings zu investieren, stehen landläufig weiterhin die Verkaufs- und Kommunikationsfähigkeiten des Personals im Fokus. Dabei zahlt sich, wie diese Beispiele beweisen, Stressprävention schnell und nachhaltig aus: Michael Kastner, Leiter des Instituts für Arbeitspsychologie und Arbeitsmedizin in Herdecke, beziffert die Rentabilität: „Eine Investition von einem Euro in eine moderne Gesundheitsförderung zahlt sich nach drei Jahren mit mindestens 1,8 EUR aus."

1.2 Überlastet oder gar schon gestresst?

Modewort Stress … Der Satz „Ich bin im Stress" ist anscheinend zum Statussymbol geworden, denn wer so viel zu tun hat, dass er gestresst ist, scheint eine gefragte und wichtige Persönlichkeit zu sein. Stars, Manager, Politiker gehen hier mit schlechtem Beispiel voran und brüsten sich in der Öffentlichkeit damit, „gestresst zu sein". Stress scheint daher beliebt zu sein und ist immer eine willkommene Ausrede.

Es gehört zum guten Ton, keine Zeit zu haben, sonst könnte ja Ihr Gegenüber meinen, Sie täten nichts, seien faul, hätten wahrscheinlich keine Arbeit oder seien ein Versager. Überprüfen Sie mal bei sich selbst oder in Ihrem unmittelbaren Freundeskreis die Wortwahl: Die Mutter hat Stress mit ihrer Tochter, die Nachbarn haben Stress wegen der neuen Garage, der Vater hat Stress, weil er die Winterreifen wechseln muss, der Arbeitsweg ist stressig, weil so viel Verkehr ist, der Sohn kann nicht zum Sport, weil die Hausaufgaben ihn stressen, der neue Hund stresst, weil die Tochter, für die der Hund bestimmt war, Stress mit ihrer besten Freundin hat – und dadurch keine Zeit.

Ich bin gespannt, wie viele banale Erlebnisse Sie in Ihrer Familie und in Ihrem Freundeskreis entdecken.

Gewöhnen sich Körper und Geist an diese Bagatellen, besteht die Gefahr, dass wirkliche Stress- und Burn-out-Signale nicht mehr erkannt werden. Die Gefahr, in die Stressspirale zu geraten, steigt. Eine Studie des Schweizer Staatssekretariats für Wirtschaft aus dem Jahr 2000 untermauerte dies bereits damit, dass sich 82 % der Befragten gestresst fühlen, aber 70 % ihren Stress im Griff haben (Buchenau 2014). Entschuldigen Sie meine provokante Aussage: Dann haben Sie keinen Stress.

Überlastung … Es gibt viele Situationen von Überlastung. In der Medizin, Technik, Psyche, Sport et cetera hören und sehen wir jeden Tag Überlastungen. Es kann ein Boot sein, welches zu schwer beladen ist. Ebenso aber auch, dass jemand im Moment zu viel Arbeit, zu viele Aufgaben, zu viele Sorgen hat oder dass ein System oder ein Organ zu sehr beansprucht ist und nicht mehr richtig funktioniert. Beispiel kann das Internet, das Stromnetz oder das Telefonnetz sein, aber auch der Kreislauf oder das Herz.

Die Fachliteratur drückt es als „momentan über dem Limit" oder „kurzzeitig mehr als erlaubt" aus. Wichtig ist hier das Wörtchen „momentan". Jeder von uns Menschen ist so gebaut, dass er kurzzeitig über seine Grenzen hinausgehen kann. Jeder von Ihnen kennt das Gefühl, etwas Besonders geleistet zu haben. Sie fühlen sich wohl dabei und sind meist hinterher stolz auf das Geleistete. Sehen Sie Licht am Horizont und sind Sie sich bewusst, welche Tätigkeit Sie ausführen und zudem, wie lange Sie an einer Aufgabe zu arbeiten haben, dann spricht die Stressforschung von Überlastung und nicht von Stress. Also dann, wenn der Vorgang, die Tätigkeit oder die Aufgabe für Sie absehbar und kalkulierbar ist. Dieser Vorgang ist aber von Mensch zu Mensch unterschiedlich. Zum Beispiel fühlt sich ein Marathonläufer nach 20 km überhaupt nicht überlastet, aber der übergewichtige Mensch, der

Schwierigkeiten hat, zwei Stockwerke hochzusteigen, mit Sicherheit. Für ihn ist es keine Überlastung mehr, für ihn ist es Stress.

1.3   Alles Stress oder was?

Stress … Es gibt unzählige Definitionen von Stress und leider ist eine Eindeutigkeit oder eine Norm bis heute nicht gegeben. Stress ist individuell, unberechenbar, nicht greifbar. Es gibt kein Allheilmittel dagegen, da jeder Mensch Stress anders empfindet und somit auch die Vorbeuge- und Behandlungsmaßnahmen unterschiedlich sind.

Nachfolgende fünf Definitionen bezüglich Stress sind richtungsweisend:

Stress ist ein Zustand der Alarmbereitschaft des Organismus, der sich auf eine erhöhte Leistungsbereitschaft einstellt (Hans Seyle 1936; ein ungarisch-kanadischer Zoologe, gilt als der Vater der Stressforschung).

Stress ist eine Belastung, Störung und Gefährdung des Organismus, die bei zu hoher Intensität eine Überforderung der psychischen und/oder physischen Anpassungskapazität zur Folge hat (Fredrik Fester 1976).

Stress gibt es nur, wenn Sie ‚Ja' sagen und ‚Nein' meinen (Reinhard Sprenger 2000).

Stress wird verursacht, wenn du ‚hier' bist, aber ‚dort' sein willst, wenn du in der Gegenwart bist, aber in der Zukunft sein willst (Eckhard Tolle 2002).

Stress ist heute die allgemeine Bezeichnung für körperliche und seelische Reaktionen auf äußere oder innere Reize, die wir Menschen als anregend oder belastend empfinden. Stress ist das Bestreben des Körpers, nach einem irritierenden Reiz so schnell wie möglich wieder ins Gleichgewicht zu kommen (Schweizer Institut für Stressforschung 2005).

Bei allen fünf Definitionen gilt es zu unterscheiden zwischen negativem Stress – ausgelöst durch im Geiste unmöglich zu lösende Situationen – und positivem Stress, welcher in Situationen entsteht, die subjektiv als lösbar wahrgenommen werden. Sobald Sie begreifen, dass Sie selbst über das Empfinden von freudvollem Stress (Eu-Stress) und leidvollem Stress (Di-Stress) entscheiden, haben Sie Handlungsspielraum.

Bei **positivem Stress** wird eine schwierige Situation als positive Herausforderung gesehen, die es zu bewältigen gilt und die Sie sogar genießen können. Beim positiven Stress sind Sie hoch motiviert und konzentriert. Stress ist hier die Triebkraft zum Erfolg.

Bei **negativem Stress** befinden Sie sich in einer schwierigen Situation, die Sie noch mehr als völlig überfordert. Sie fühlen sich der Situation ausgeliefert, sind hilflos, und es werden keine Handlungsmöglichkeiten oder Wege aus der Situation gesehen. Langfristig macht dieser negative Stress krank und endet oft im Burn-out.

1.4   Burn-out – Die letzte Stressstufe

Burn-out … Als letzte Stufe des Stresses tritt das sogenannte Burn-out auf. Nun hilft keine Medizin und Prävention mehr; jetzt muss eine langfristige Auszeit unter professioneller Begleitung her. Ohne fremde Hilfe können Sie der Burn-out-Spirale nicht entkommen. Die Wiedereingliederung eines Burn-out-Klienten zurück in die Arbeitswelt ist sehr aufwendig. Meist gelingt das erst nach einem Jahr Auszeit, oft auch gar nicht.

Nach einer Studie der Freiburger Unternehmensgruppe Saaman aus dem Jahr 2007 haben 45 % von 10.000 befragten Managern Burn-out- Symptome. Die gebräuchlichste Definition von Burn-out stammt von Maslach und Jackson aus dem Jahr 1986: „Burnout ist ein Syndrom der emotionalen Erschöpfung, der Depersonalisation und der reduzierten persönlichen Leistung, das bei Individuen auftreten kann, die auf irgendeine Art mit Leuten arbeiten oder von Leuten beeinflusst werden" (Buchenau 2014).

Burn-out entsteht nicht in Tagen oder Wochen. Burnout entwickelt sich über Monate bis hin zu mehreren Jahren, stufenweise und fortlaufend mit physischen, emotionalen und mentalen Erschöpfungen. Dabei kann es immer wieder zu zwischenzeitlicher Besserung und Erholung kommen. Der fließende Übergang von der normalen Erschöpfung über den Stress zu den ersten Stadien des Burn-outs wird oft nicht erkannt, sondern als „normale" Entwicklung akzeptiert. Reagiert der Betroffene in diesem Zustand nicht auf die Signale, die sein Körper ihm permanent mitteilt und ändert der Klient seine inneren oder äußeren Einfluss- und Stressfaktoren nicht, besteht die Gefahr einer sehr ernsten Erkrankung. Diese Signale können dauerhafte Niedergeschlagenheit, Ermüdung, Lustlosigkeit, aber auch Verspannungen und Kopfschmerzen sein. Es kommt zu einer kreisförmigen, gegenseitigen Verstärkung der einzelnen Komponenten. Unterschiedliche Forschergruppen haben auf der Grundlage von Beobachtungen den Verlauf in typische Stufen unterteilt.

Wollen Sie sich das alles antun?

Leider ist Burn-out in den meisten Firmen ein Tabuthema – die Dunkelziffer ist groß. Betroffene Arbeitnehmer und Führungskräfte schieben oft andere Begründungen für ihren Ausfall vor – aus Angst vor negativen Folgen, wie zum Beispiel dem Verlust des Arbeitsplatzes. Es muss ein Umdenken stattfinden!

Wen kann es treffen? Theoretisch sind alle Menschen gefährdet, die nicht auf die Signale des Körpers achten. Vorwiegend trifft es einsatzbereite und engagierte Mitarbeiter, Führungskräfte und Selbstständige. Oft werden diese auch von Vorgesetzten geschätzt, von Kollegen bewundert, vielleicht auch beneidet. Solche Menschen sagen auch nie „nein"; deshalb wachsen die Aufgaben, und es stapeln sich die Arbeiten. Dazu kommt oft, dass sich Partner, Freunde und Kinder über zu wenig Zeit und Aufmerksamkeit beklagen. Wie Sie „Nein" sagen erlernen, erfahren Sie später.

Aus eigener Erfahrung kann ich sagen, dass der Weg zum Burn-out anfänglich mit kleinsten Hinweisen gepflastert ist, kaum merkbar, unauffällig, vernachlässigbar. Es bedarf einer hohen Achtsamkeit, um diese Signale des Körpers und der realisierenden Umwelt zu erkennen. Kleinigkeiten werden vergessen und vereinbarte Termine werden immer weniger eingehalten. Hobbys und Sport werden – wie bei mir geschehen – erheblich vernachlässigt. Auch mein Körper meldete sich Ende der neunziger Jahre mit leisen Botschaften: Schweißausbrüche, Herzrhythmusstörungen, schwerfällige Atmung und unruhiger Schlaf waren die Symptome, die anfänglich nicht von mir beachtet wurden.

Abschlusswort

Eigentlich ist Burn-out- oder Stressprävention für Mediziner ganz einfach. Tipps gibt es überall und Zeit dazu auch. Sie, ja Sie, Sie müssen es einfach nur tun. Viel Spaß und Unterhaltung beim nun folgenden Beitrag von Dr. Hardy Walle.

Literatur

Buchenau P (2014) Der Anti-Stress-Trainer. Springer, Wiesbaden

2

Wer keinen Stress hat, ist schon tot…

Jetzt geht's richtig los…

Sie sind selbstständig, Ihre Praxis läuft wie geschmiert, Sie sind auf Wochen ausgebucht, Sie sind zusätzlich in der Standespolitik aktiv und haben nebenbei noch eine Familie mit drei Kindern.

Alles gut – nur Sie haben keine Zeit!
Keine Zeit für Sport, keine Zeit für Entspannung, keine Zeit für Hobbys, keine Zeit für Weiterbildungen. Ganz klar, Sie fühlen sich gestresst!
    Doch was ist eigentlich Stress?

© Springer Fachmedien Wiesbaden 2017
H. Walle, *Der Anti-Stress-Trainer für Mediziner,*
DOI 10.1007/978-3-658-12395-6_2

Für mich ist Stress die Reaktion des Körpers auf außergewöhnlich starke, seelische, körperliche und geistige Anforderungen (Schuler 1980; Vester 2002; Pschyrembel 2014).

Egal ob Arzt oder Patient, Berufstätige, erfolgreiche Frau mit Doppelbelastung oder Rentner, jeder klagt über Stress.

2.1 Stress besser als sein Ruf?

Stress gilt allgemein als Gesundheitsrisiko bis hin als Risiko für Herzinfarkt, Schlaganfall oder insgesamt erhöhte Sterblichkeit, so eine Auswertung der Prospective UK Million Women Study, welche Ende Februar 2016 im Lancet publiziert wurde.

In diese Studie wurden 720.000 Frauen im mittleren Alter von 59 Jahre zwischen 1996 und 2001 einbezogen und dauerhaft beobachtet. In der jetzt vorgestellten Auswertung wurden die Todesfälle bis 2012 erfasst, wobei die Gesamtmortalität innerhalb des Studienzeitraums bei 4 % lag. Dabei zeigte sich keinerlei Unterschied, nach Adjustierung bzw. Korrektur vorbestehender Krankheiten, in der Gesamtmortalität, ob die untersuchten Frauen sich meistens glücklich, gewöhnlich glücklich oder unglücklich fühlten. Auch die Faktoren ausgewogen, entspannt oder gestresst zeigten keinerlei Einfluss auf die Mortalität. Ist Stress also unproblematisch?

Nachteil war, dass in der Studie nicht zwischen Disstress (negativem Stress) und Eustress (positivem Stress) unterschieden wurde. Dennoch kann man das Ergebnis positiv interpretieren: Stress per se ist kein Risikofaktor für erhöhte Sterblichkeit. Dennoch hat er natürlich einen sehr großen Einfluss auf die Lebensqualität, ob er sich negativ auf die Lebensdauer auswirkt ist fraglich. Interessant wäre zu wissen, ob bei Männern sich Stress gleich auswirkt wie bei Frauen und ob Männer empfindlicher auf Stress reagieren oder Frauen einfach besser mit Stress umgehen können?

Da wir Stress grundsätzlich nicht komplett vermeiden können, müssen wir lernen, mit dem Stress umzugehen. Gerade dazu werden Sie in diesem Buch viele wertvolle Tipps aus der (Arzt)Praxis erhalten.

Stress kann positiv sein…
Doch was ist Stress? Zunächst muss man unterscheiden zwischen positivem und negativem Stress.

Eustress (griechisch: eu = gut) ist der Stress, der uns Impulse gibt, der uns bewegt und uns vorwärts bringt – er ist Quelle für Erfolg, Vitalität und Zufriedenheit.

Sie alle kennen die Situation, dass Sie vor einer Herausforderung stehen, einer Prüfung, einem wichtigen Vortrag oder einem Geschäftsabschluss. Sie bereiten sich intensiv vor, Sie arbeiten unter Zeitdruck. Wenn der Vortrag gut gelingt und die Zuschauer applaudieren, wenn Sie einen erfolgreichen Geschäftsabschluss tätigen oder die Prüfung bestehen, dann fühlen Sie sich hinterher besser, sind entspannt, relaxt, schlafen gut und fühlen sich wohl. Dies war positiver Stress.

…aber auch negativ!
Disstress (griechisch: dys = ungünstig, schlecht, störend) ist der krankmachende Stress, der überfordert, der auszehrt, der kein Ende nimmt.

Negativer Stress bedeutet ganz einfach, Aufgaben, Verpflichtungen, Belastungen zu haben, die Sie in der vorgegebenen Zeit nicht leisten können. Das heißt, Sie haben keine Chance, es bleibt immer ein ungutes Gefühl. Sie kennen das, Sie haben in Ihrer Praxis eine perfekte Terminplanung, alle 10 min ist ein Patient eingeplant, Sie sind gut in der Zeit. Doch dann kommt völlig ungeplant ein Notfall dazwischen. Wenn Sie „Glück haben", passiert dieser Notfall in der Praxis und Sie können das Ganze in einer halben Stunde erledigen. Wenn Sie Pech haben, müssen Sie notfallmäßig zum Hausbesuch und es dauert eine Dreiviertelstunde und länger. Wenn Sie zurückkommen, warten bereits zehn Patienten, zum Teil beschweren sich diese und Sie haben Stress. Völlig unverschuldet, doch Sie haben keine Chance, diese Zeitverzögerung wird sich bis zum Abend durchschleppen.

Ungelegen kommt oft…
Noch schlimmer war es früher, als wir selbst noch die Nachtdienste durchführen mussten. Ich habe immer morgens um sieben in der Praxis angefangen, mir zwei bis drei Gastroskopien bestellt bzw. auch Patienten, die vor der Arbeit noch schnell zum Arzt wollten. Und dann, 6:45 Uhr – Sie haben gerade gefrühstückt, wollen zur Praxis fahren, geht das Telefon. Notfall! Sie rasen zum Notfall, Sie versorgen diesen optimal, doch Sie kommen mit

einer halben Stunde Verspätung in die Praxis. Jeder glaubt, Sie hätten verschlafen oder wären unpünktlich. Ich habe immer meine Patienten darüber aufgeklärt und diese hatten auch Verständnis. Doch ich konnte nicht den ganzen Tag, um zehn, elf, zwölf Uhr immer noch den Patienten sagen: „ich war heute Morgen bei einem Notfall, deshalb bin ich in Zeitverzug".

Bloß keine Dankbarkeit erwarten…
Das nenne ich Stress pur – Sie geben Ihr Bestes, Sie versorgen Ihre Patienten, Sie retten vielleicht Leben beim Notfalleinsatz und was ist der Dank? Andere Patienten beschweren sich! Sie kommen abends spät, müde und gereizt nach Hause. Hoffentlich bringen dann Ihre Kinder gute Noten aus der Schule mit und Ihr Partner hat Verständnis für Ihre (chronisch?) schlechte Laune. Wollen dann die Kinder von Ihnen noch bei den Hausaufgaben Unterstützung oder sie hatten schlechte Noten oder Ihr Partner ist missmutig, dass Sie schon wieder zu spät zum Abendessen kommen, pflanzt sich das Ganze fort. Sie sehen, ein solcher Stress macht keinen Spaß.

Stress mit der Work-Life-Balance?
Was können Sie jetzt aber dagegen tun? Stressvermeidung wäre das Beste. Sie lesen in vielen Büchern, wie Sie entschleunigen können, wie Sie Ihre Work-Life-Balance finden. Sie finden in Praxisanleitungen die besten Terminsysteme, Sie bauen in die Terminvergaben Puffer ein, Sie strukturieren Ihre Praxis um, stellen einen Assistenten ein, Sie arbeiten in einer Gemeinschaftspraxis usw. Doch

kurieren Sie immer nur an den Symptomen herum, die eigentliche Ursache können Sie nicht abschalten.

Stress kann man nicht verhindern
Wir können Stress nicht vermeiden, da wir zum Teil auch Stress brauchen. Wie gesagt, positiven Stress. Doch die Gratwanderung zwischen positivem und negativem Stress ist oft sehr schmal. Denn Sie wissen ja oft nicht, wie es am Ende ausgeht. Und negativer Stress, siehe Notfall, siehe ungeplanten Hausbesuch, plötzliche Erkrankung der Kinder, Unfall des Partners etc. ist nicht vermeidbar.

Oder in der Praxis: wir arbeiten immer unter Zeitdruck. Kollegen schließen Praxen, weil sie sie nicht mehr verkaufen können, der Ärztemangel gerade auf dem Land droht. Die Praxen sind überfüllt, den Aufnahmestopp können Sie nur bedingt durchziehen und die Bezahlung? Besser wird es auch nicht. Das ist alles nicht hoch motivierend und die Qualität Ihrer Arbeit leidet (Deutsches Ärzteblatt. Ärztemonitor 2014). Das führt zu zunehmender Unzufriedenheit, also doch wieder Stress.

Leben Ärzte länger?
Wir Ärzte sind Spezialisten in den Themen Prävention oder Früherkennung und müssten deshalb doch bei uns selbst Krankheiten im Entstehen verhindern oder zumindest rechtzeitig erkennen können. Zudem müssten wir eine höhere Lebenserwartung haben, da assoziiert mit einem höheren sozialen Status statistisch eine höhere Lebenserwartung einhergeht, ebenso mit höherer Bildung. Zudem haben wir eine längere Ausbildungszeit und beginnen später mit dem Arbeitsleben. Dies alles müsste dazu

führen, das die Lebenserwartung von deutschen Ärzten mindestens fünf Jahre über dem Bundesdurchschnitt liegt. Dies ist jedoch leider nicht der Fall.

Nur Durchschnitt
Die Ursachen sind vielfältig. An erster Stelle wird natürlich der stressige Beruf, immer weniger Erfüllung im Beruf, große psychische Belastung bei Behandlung von schwer kranken Patienten, Hilflosigkeit gegenüber unheilbaren Krankheiten, aber auch Hilflosigkeit gegenüber der Willkür der Politik angegeben. Zudem entwickeln Ärzte leicht eine Ignoranz gegenüber eigenen Symptomen und Krankheiten. Wir fühlen uns, zumindest zu Anfang „unserer Karriere", unbegrenzt belastbar und heilen uns oft selbst bzw. neigen oft dazu, auch uns mit gewissen „Mittelchen" zu dopen. Zunehmend gönnen wir es uns nicht, gerade mit einer eigenen Praxis, krank zu sein und schleppen uns die ganze Woche dort hin und das Wochenende ist für die Erholung viel zu kurz bzw. die Erholung wird grundsätzlich auf den Urlaub verschoben.

Nach Angaben von Prof. Franz Schilke von der Deutschen Elite Akademie (Schilke 2012) liegen daher die Lebenserwartungen des deutschen Arztes bei 78 Jahren bzw. 83 Jahren bei den Frauen und damit leider nicht über dem Durchschnitt der Bevölkerung.

Zum Teil leider auch über dem Durchschnitt
Leider ist aber die Selbstmordrate bei Ärzten höher als in der Allgemeinbevölkerung und zwar um das 1,3 bis 3,4-fache bei Ärzten und das 2,5 bis 5,7-fache bei Ärztinnen,

wobei sich dagegen in der Allgemeinbevölkerung mehr Männer als Frauen umbringen. Prof. Dr. Jütte (Institut für Geschichte der Medizin, Robert-Bosch-Stiftung Stuttgart) vermutet in der Deutschen medizinischen Wochenschrift (Jütte 2013), dass eine Ursache für die hohe Selbstmordrate unter Ärztinnen die Doppelbelastung durch Beruf und Familie sein könnte. Hüttemann schreibt in Via Medici online (23.10.2013) zur Suizidalität bei Medizinern und Medizinerinnen: „Ihrer eigenen Gesundheit zuliebe sollten sich Ärzte nicht uneingeschränkt für ihre Patienten und ihre Arbeitgeber aufopfern – die Arbeit darf nicht der einzige Lebensinhalt und Lebenssinn sein. Es ist von immenser Wichtigkeit, dass Ärzte trotz ihrer anstrengenden und zeitintensiven Arbeit Freundschaften und Partnerschaften nicht vernachlässigen."

Diesem ist eigentlich nichts hinzuzufügen! Das Problem ist nur: „Es gibt nichts Gutes, außer man tut es" (Wilhelm Busch).

Ein anderes Problem: Ärzte trauen sich gegenseitig nicht

Ärzte tun sich grundsätzlich schwer, sich im eigenen Krankheitsfall anderen Kollegen anzuvertrauen. Einer schriftlichen Umfrage des Universitätsspitals Genf zufolge wollte jeder dritte Arzt sich nicht von Kollegen behandeln lassen. Ich muss ehrlich gestehen, ich kenne mehr Ärzte, zu denen ich nicht gehen würde, als Ärzte, von denen ich mich selbst behandeln lassen würde. Also behandelt man sich doch lieber gleich selbst! Doch wir kennen das, gegenüber sich selbst ist man wenig objektiv, negiert typische Symptome, die man beim Patienten sofort erkennen würde und dem eigenen Rat folgt man meistens erst „morgen".

Selbstmedikation statt ärztlicher Behandlung

Mal ehrlich, haben Sie einen eigenen Hausarzt oder sind Sie Ihr eigener Arzt? Wann waren Sie denn das letzte Mal beim Arzt oder haben sich Blut entnehmen lassen? Ein Belastungs-EKG kann ich mir wohl (eingeschränkt) selbst machen, zur Not bekomme ich vielleicht noch einen Ultraschall des Abdomens oder ein Herz-Echo bei mir selbst hin. Aber bin ich mir selbst ein guter Ratgeber? Das andere Problem ist natürlich, dass wir Zugang haben zu allen Medikamenten, Schmerzmitteln, Beruhigungsmitteln, Antidepressiva oder Schlafmitteln. Alles was man so braucht, hat man ja in der Schublade. Damit kommt man ja irgendwie über die Runden und „Was von allein kommt, geht auch von alleine."

Flucht in die Sucht

Der AOK-Fehlzeitenreport (Badura, WIdO 2015) geht davon aus, dass die Medikamentenabhängigkeit von Ärzten höher liegt, als in der Allgemeinbevölkerung. Nach diesem Report nahmen 12 % der Ärzte regelmäßig Benzodiazepine ein. Das liegt unter anderem an dem hohen Leistungsdruck in den Praxen. Eine Erhebung der Kassenärztlichen Bundesvereinigung aus dem Jahre 2012 (Follmer, Ärztemonitor, Infas 2012) ergab eine durchschnittliche Wochenarbeitszeit für den niedergelassenen Arzt von mehr als 50 h pro Woche. Deshalb ist Burn-out unter Medizinern sicher weit verbreitet, wobei genaue Zahlen fehlen – weil Ärzte eben nicht gern zum Arzt gehen. Alkohol ist zweifelsfrei die am häufigsten zur Abhängigkeit führende Substanz (Ärzte Zeitung 2013; Diefenbach et al 2013). Etwa 70 % der tatsächlich bekannt gewordenen Suchterkrankungen bei Ärzten sind durch Alkohol verursacht.

Ärzte brennen häufiger aus

Burn-out unter Medizinern hat in den letzten Jahren dramatisch zugenommen. An erster Stelle liegen die USA. Angeblich leidet dort fast jeder zweite Arzt an einer Art von Burn-out. Eine Umfrage im „Journal of the American Medical Association" (Julia E, JAMA 2015) zeigte, dass 83 % der Ärzte in Amerika arbeiten, auch wenn sie krank sind, von einer fiebrigen Erkältung bis hin zu einem Magen-Darm-Infekt.

Der Marburger Bund berichtet, dass drei Viertel der Ärzte die eigene Gesundheit in Gefahr sehen (MB Ärztemonitor 2015).

Die berufliche Realität der Krankenhausärzte ist von hohem Zeitdruck und Arbeitsüberlastung geprägt. Deutlich mehr als die Hälfte der Klinikärzte (59 %) fühlt sich durch ihre Tätigkeit „häufig psychisch belastet". Fast drei Viertel der Klinikärzte (72 %) haben das Gefühl, dass die Gestaltung der Arbeitszeiten im Krankenhaus die eigene Gesundheit beeinträchtigt, z. B. in Form von Schlafstörungen und häufiger Müdigkeit.

Was stresst uns nun alles?

Das hängt ganz von Ihnen selbst ab. Typische Stressoren sind: Ärger, Frustration, ein überfüllter Terminkalender, Lärm, Schlafentzug, Liebeskummer, berufliche Überforderung, Mobbing, Angst, Verlusterlebnisse oder Aufregung. Dauert dies dauerhaft an, sehen Sie keine Lösung, ist kein Licht am Ende des Tunnels, dann ist das Alles negativer Stress. Insbesondere dann, wenn sich der Körper nicht abreagieren kann (z. B. Sport, autogenes Training, progressive Muskelrelaxation nach Jacobson, Yoga, Atemübungen).

Gesunden Stress benötigen wir dagegen. Er hält uns jung, er hält uns vital, er spornt uns zu Höchstleistungen an, er führt zu Ausschüttungen von Glückshormonen, er macht nach der Anspannung Entspannung erst möglich.

2.2 Drei bewährte Tipps zum Stress-Abbau – Stressvermeidung ist dann die Kür

2.2.1 Sport

Letztendlich ist es egal, welche Sportart Sie machen, Sie müssen es nur mit Freude und regelmäßig tun. Wenn Sie laufen, müssen Sie nicht rennen, als wäre der Säbelzahntiger hinter Ihnen her, sondern Sie sollten entspannt laufen. Ob Sie im Fettverbrennungspuls laufen oder darunter ist völlig egal, Hauptsache Sie haben Freude daran, kommen leicht ins Schwitzen und laufen länger als 20 min.

Auch im Fitnessstudio können Sie durchaus entspannt und dennoch effektiv trainieren: 15 min Stepper oder Elypsen-Trainer, danach etwas Bauchtraining, dann noch ein paar Übungen für den Rücken, die Schultern, den Nacken, die Oberarme, die Oberschenkel und die Waden. Hinterher geduscht und ein Tässchen Espresso und es geht Ihnen direkt besser. Wenn Sie danach noch einen Eiweiß-shake trinken, werden sogar Muskeln aufgebaut und Sie können auch besser schlafen. Insbesondere abends sollten Sie dann fettreiche Ernährung meiden.

2.2.2 Autogenes Training

Diese bekannte Entspannungsmethode wurde vor etwa 80 Jahren von dem deutschen Psychiater, J. H. Schultz (später USA) entwickelt und arbeitet nach dem Prinzip der konzentrativen Selbstentspannung mit innerem Wahrnehmen wie zum Beispiel: „Mein Arm wird schwer", „Ich bin ganz ruhig", „Ich spüre mein Sonnengeflecht" etc. Durch das Prinzip der Autosuggestion lernt man sich über „Rituale" zu entspannen und kann damit funktionelle bzw. vegetative Beschwerden lindern oder bessern. Es ist wichtig, dass man dies am Anfang unter professioneller Hilfe erlernt, dann später aber regelmäßig im Alltag bewusst und regelmäßig einsetzt.

2.2.3 Progressive Muskelrelaxation (PMR)

PMR wurde von dem Arzt E. Jacobsen Anfang des 20. Jahrhunderts entwickelt. Das Prinzip ist, dass nach einer maximalen Muskelentspannung die Muskeln entspannt werden. Dabei werden verschiedene Muskelgruppen des Körpers (Mund, Kiefer, Arme, Rumpf, Beine) nacheinander willkürlich fünf bis zehn Minuten angespannt und danach wird wieder bewusst entspannt, losgelassen. Auch hier ist es sinnvoll, das Verfahren anfangs mit einem Therapeuten zu erlernen und danach im Alltag regelmäßig einzusetzen. Im Gegensatz zum autogenen Training ist die PMR schneller und leichter zu erlernen und kann im Alltag auch eher mal „zwischendurch" integriert werden.

2.3 Was hat Stress mit Fehlernährung zu tun?

Ganz einfach – unter Stress essen wir – bedingt durch die Stresshormone Cortisol und Insulin – immer mehr und das „Falsche" – zu viele (ballaststoffarme) Kohlenhydrate und weniger Eiweiß. Die Ursache hierfür will ich Ihnen etwas näher erläutern. Stress, insbesondere Disstress, führt zu einer dauerhaften Ausschüttung der Stresshormone Adrenalin, Noradrenalin, Cortisol. Dadurch wird nicht nur das Immunsystem blockiert, auch die Lust auf Fortpflanzung wird kurzfristig lahmgelegt. Der Blutzucker steigt in die Höhe (mehr Energie zur Flucht), gleichzeitig wird die langsame Fettverbrennung (man will ja vor dem Säbelzahntiger wegrennen und nicht joggen) gedrosselt. Soweit ist alles in Ordnung – jedenfalls war es das in der Steinzeit. Folgt jetzt aber auf diese Stresssituation nicht der natürlich „Fluchtreflex", sondern die Faust ist in der Tasche geballt, die Stirn ist gerunzelt, man gräbt den Ärger in sich hinein und kommt so aufgeladen nach Hause. Dann braucht man erst einmal ein oder zwei Bier um runterzukommen oder die berühmte Schokolade für die Nerven. In dieser Situation hat man keine Lust sich zu bewegen, sondern eher „entspannt" auf der Couch vor dem Fernseher zu liegen bis man einschläft.

Frustessen killt die Lust

Neigt man dann noch zum Frustessen, steigt nicht nur das Gewicht, sondern der Bauchumfang schwillt und damit sinkt bei Männern zusätzlich der Testosteronspiegel. Man(n) ist lustlos, was den Frust zusätzlich steigert und den familiären Stress erhöht (Walle 2013). Bei Frauen kommt es zu einer durch den Hyperinsulinismus getriggerten verminderten Bildung des Sexualhormonbindenden Globulins (SHBG), wodurch freie Androgene weniger gebunden werden, was zu einem relativen Androgenüberschuss führt. Je nach Ausprägung sind dann Lustlosigkeit, Zyklusstörungen bis hin zur Infertilität (PCOS) die Folge. So beginnt ein Kreislauf, der sich langsam aber sicher hochschaukelt. Kurzfristige Crash-Diäten, planlose Ernährungsumstellungen oder verzweifelte Versuche im Fitnessstudio führen nicht zum Erfolg, erhöhen den Frust und kosten zusätzlich Zeit.

2.4   Kurzanleitung gegen Stress

Dabei kann man auch Stress wegessen: Das Wichtigste ist ein guter Start in den Tag mit einem eiweißreichen Frühstück. So sind Sie schon einmal ideal mit Tryptophan versorgt und Ihr Körper kann unter dem Einfluss von Tageslicht mit einem hohen Blauanteil ordentlich Serotonin bilden. Eiweiß aktiviert nachweislich den Stoffwechsel und macht gleichzeitig lange satt. Ein oder zwei Tassen Kaffee schaden überhaupt nicht, da Koffein nicht nur die Leber schützt, sondern gleichzeitig auch noch den Stoffwechsel ankurbelt.

Achten Sie darauf, dass Sie keine Snacks zwischendurch essen, da Sie nach diesen Snacks immer wieder in ein Hungerloch fallen und Sie dann dauerhaft snacken müssen. Oft wird, gerade am Vormittag, das ausreichende Trinken vergessen bzw. der Flüssigkeitsbedarf allein durch Kaffee gedeckt. Daher sorgen Sie dafür, dass Sie zur Tasse Kaffee stets ein Glas Wasser griffbereit haben und bis zum Mittag einen Liter kalorienfreie Flüssigkeit getrunken haben.

Das Mittagessen sollte nicht zu schwer sein, das heißt, überwiegend aus Gemüse, leicht verdaulichem Eiweiß – idealerweise Fisch –, ein paar Kohlenhydraten und Obst als Nachspeise bestehen. Ein Powernapping von 10 min lässt Sie wieder regenerieren und nach einem Espresso können Sie entspannt in die Nachmittagssprechstunde starten.

Abends sollten Sie mindestens dreimal pro Woche Bewegung einplanen. Ob Sie nun Joggen, Schwimmen gehen oder Rad fahren, das Fitnessstudio aufsuchen oder auch mit Ihrem Partner einen Tanzkurs machen, bleibt völlig Ihrer Fantasie überlassen. Wichtig ist nur, dass Sie regelmäßig etwas tun.

Das Abendessen sollte möglichst früh eingenommen werden und insbesondere nicht zu fettreich sein. Entspannen Sie abends, wobei Lesen deutlich besser ist als Fernsehen (Vorsicht: LED-Licht enthält einen hohen Blauanteil und unterdrückt die Melatoninproduktion – mehr dazu später). Neben der notwendigen Fachliteratur sollten Sie zum Beispiel zusätzlich ein (ent)spannendes Buch lesen und sich für andere Dinge als nur Medizin interessieren.

Unter der Woche sollten Sie mit Alkohol eher zurückhaltend sein, wobei gegen ein Glas Wein zum Abendessen nichts einzuwenden ist.

Planen Sie Zeit für private Dinge ein, zum Beispiel gehen Sie einmal pro Woche mit Ihrer Frau Essen, Sonntagsmorgens mit Ihrem Sohn zum Fußballspiel und pflegen Sie Freundschaften. Planen Sie private Einladungen, wobei es mir persönlich immer gut tut, mich auch mit fachfremden Kollegen aus ganz anderen Bereichen zu unterhalten. Wer hierfür keine Zeit hat, macht schon etwas falsch und es ist nur eine Frage der Zeit, bis Ihnen dies bewusst wird und dann erheblicher Frust entsteht. Sie kennen es und erzählen es immer Ihren Patienten: „Vorbeugen ist besser als heilen".

Auf die Einstellung kommt es an!
Das Erste, was Sie tun müssen ist Ihre Einstellung ändern:

„Dinge, die *ich* nicht ändern kann, über die rege *ich* mich nicht auf."

Ich muss oft zu Terminen, fahre immer zeitig los, plane mindestens eine Stunde Puffer ein, aber dennoch. Ein Unfall auf der Autobahn, Vollsperrung, ich komme zu spät, das ist Stress. Bzw. das war früher für mich Stress. Heute greife ich zum Hörer, rufe meinen Kollegen an und frage ihn, ob der Termin auch noch eine Stunde später möglich wäre, ich würde gerade unverschuldet im Stau stehen, wenn es ihm nichts ausmacht, komme ich eine Stunde später. Falls dies nicht möglich ist, machen wir einen neuen Termin aus und ich kehre um. Fahre ganz gelassen nach Hause oder erledige andere Dinge, die ich sonst nicht erledigen könnte. Damit komme ich schon mal klar.

Wenn das Schicksal zuschlägt…
Das Zweite: Schicksalsschläge. Diese sind nicht vermeidbar, Sie werden immer irgendwelche Probleme haben. Sie selbst haben vielleicht berufliche, Ihr Partner eventuell gesundheitliche Probleme, Ihre Kinder schlechte Schulnoten, Studium geschmissen etc. Das gehört einfach zum Leben dazu. Es gibt Schlimmeres im Leben.

Deshalb gehen Sie mit Problemen zukünftig gelassen um, suchen Sie immer nur nach Lösungen! Hadern Sie nicht mit dem Schicksal oder irgendwelchen Entscheidungen. Sie wissen eh nicht, wofür das Ganze gut ist. Hätte, hätte, hätte… hilft keinem weiter. Denn Sie wissen eh nie, ob eine andere Entscheidung die bessere gewesen wäre.

Sie kennen den Spruch vom *Glück im Unglück.* Manche waren schon froh, dass sie einen Zug verpasst haben, der später einen Unfall hatte.

Der Mensch hatte schon immer Stress

Wie bereits gesagt, ist Stress, entwicklungsgeschichtlich gesehen, nichts anderes als eine Fluchtreaktion. *Fight or flight,* d. h. der Steinzeitmensch lebte immer in Gefahr, an jeder Ecke konnte die Gefahr lauern. Es ging primär darum, nicht gefressen zu werden. Und wenn doch Gefahr drohte, wenn der Säbelzahntiger um die Ecke kam, dann wurden natürlich sämtliche Systeme hochgefahren, von 0 auf 100, nein, von 0 auf 200. Das heißt Adrenalinausschüttung ohne Ende, Cortisolausschüttung, Insulinausschüttung, Stress pur. Und was haben wir gemacht? *Fight or flight.* Wenn sie clever waren, eher die Flucht. Und wir haben die Stresshormone damit weggerannt, abgebaut, verbrannt.

Wir sind immer noch Steinzeitmenschen

Und genauso tickt unser Körper bis heute. Das heißt wir sind, entwicklungsgeschichtlich gesehen immer noch Steinzeitmenschen. Deshalb müssen wir rennen. Sport machen. Ohne Anspannung keine Entspannung. Das heißt wenn Sie abends nach Hause kommen, „geladen sind", Stress pur hatten, dann hilft nicht eine Flasche Bier oder ein Glas Rotwein, sondern Sie sollten Sport machen. Sie sollten sich austoben. Der eine braucht den Boxsack und stellt sich vor, es wäre sein Chef, der andere geht spazieren, der dritte Schwimmen, der Vierte ins Fitness-studio. Völlig egal, was Sie tun – aber tun Sie was!

Keine Entspannung ohne Anspannung

Oder Sie sind eher der „Softtyp"? Dann machen Sie Ent-spannungsübungen. Yoga, autogenes Training, Jacobsen. Oder auch Sauna. Ich mache am liebsten beides. Ich gehe laufen und danach ab in die Sauna. Und wenn ich einen harten Tag vor mir habe und ich weiß, dass ich im Auto zu einem Seminar „düsen" muss, drei Stunden im Auto sitze, dann vor Kollegen von Freitagnachmittag 16 Uhr bis 21 Uhr ein Seminar halte, danach mit diesen zu Abend essen, mich auch hier „intelligent" austauschen muss und am nächsten Morgen um 8 Uhr schon wieder fit sein und bis 16 Uhr durchgehend reden muss, dann bereite ich mich darauf vor. Klar, fachlich. Das ist klar. Aber vor einem solchen Seminar-Wochenende gehe ich morgens laufen. Oder im Winter gehe ich ins Fitnessstudio. Eine Stunde genügt vollkommen. Wenn Sie sich hier richtig anstrengen und sich auspowern, dann fahren Sie gelas-sen zu dem Seminar, Sie fühlen sich relaxt und gehen die ganze Sache locker an. Und wenn Sie dann Samstagabend nach Hause kommen, dann entspannen Sie sich, machen Sie Sauna oder unterhalten Sie sich mit Ihrer Familie, seien Sie ganz relaxt. Und am Sonntag etwas Sport und es geht Ihnen gut und Sie sind fit für die kommende Woche.

Ein Gläschen in Ehren

Gegen ein Glas Wein ist gar nichts einzuwenden. Aber Wein oder Bier sind keine Beruhigungs- oder Schlafmittel, sind keine Stresskiller. Wein oder Bier sollte man genießen, man sollte sie aber nicht übermäßig genießen. Sonst leidet die Schlafqualität. Nicht die Schlafdauer entscheidet, sondern die Schlafqualität. Natürlich sollten Sie mehr als sechs Stunden schlafen. Sieben gelten inzwischen als ideal, mehr als acht ist sicher zu viel. Aber wichtig ist die Schlafqualität, d. h. ein erholsamer Schlaf. Und hier gibt es verschiedene Faktoren, die den Schlaf beeinflussen.

Licht ist nicht gleich Licht

Unser Tag-Nacht-Rhythmus wird über das Licht getriggert. Wir sind bisher davon ausgegangen, dass Licht allgemein dies tut. Heute wissen wir jedoch, dass das Farbspektrum des Lichts entscheidend ist und dass wir auf der Netzhaut des Auges bestimmte Rezeptoren haben, die gerade den Blauanteil (unter 500 nm), welcher bei Tageslicht deutlich erhöht ist, messen.

Tagsüber draußen, nachts in der Höhle

Beim Steinzeitmenschen war es ganz einfach. Kam er morgens aus der Höhle, fiel Tageslicht mit hohem Blauanteil gerade am Vormittag oder in den Mittagsstunden von oben auf seine Unterlider und stoppte sofort die Melatonin-Produktion. Tagsüber war er dann wach, agil und hatte einen hohen Serotoninspiegel. Gegen Abend verändert sich das Lichtspektrum der Sonne und der Rotanteil überwiegt und der Blauanteil sinkt. Wenn es dunkel wurde, ging der Steinzeitmensch in die Höhle und hatte fortan nur noch Licht von unten, wenn überhaupt und dann vom Feuer oder glühenden Steinen. Dieses Feuer oder die glühenden Steine emitieren nur Rotlicht und keinen Blauanteil unter einer Wellenlänge von 500 nm. Das Verschwinden des Blauanteils stoppt die Serotoninproduktion und ermöglicht jetzt dem Körper, Melatonin zu bilden. Der Körper bildet Melatonin unter Abbau von Serotonin. Das heißt für eine gute Melatoninbildung zur Nacht ist es notwendig

1. dass keine Blauanteile im Licht vorhanden sind und idealerweise rotes Licht von unten kommt,
2. dass wir gute Serotoninspiegel haben, aus denen dann der Körper Melatonin bilden kann.

Ohne Serotonin auch kein Melatonin
Um tagsüber optimal Serotonin zu bilden ist die Aminosäure Tryptophan von essenzieller Bedeutung. Da es sich um eine essenzielle Aminosäure handelt, muss diese über die Nahrung zugeführt werden. Fast Food ist arm an essenziellen Aminosäuren, zum Teil fehlen diese gänzlich. Zudem wissen wir, dass fettreiche Nahrung am Abend die Schlafqualität zusätzlich stört. Natürlich auch ein hoher Adrenalinspiegel bzw. auch hohe Koffeinspiegel können die Schlafqualität stören, ebenso wie Umweltgeräusche oder insgesamt ein unregelmäßiger Lebenswandel. Deshalb sind am Abend Rituale wichtig.

Ebenso ist es entscheidend, dass gerade am Abend die essenzielle Aminosäure Tryptophan ausreichend zugeführt wird, damit der Serotoninspiegel im optimalen Bereich liegt.

Tageslicht hält wach und steigert die Konzentration

Wir Menschen sind sehr vom Licht abhängig. Wir brauchen Sonnenlicht, insbesondere UV-B in der Mittagszeit, damit wir genügend Vitamin D bilden können. Mehr hierzu folgt später. Der Mensch lebte immer mit dem Licht, er lebte mit der Sonne und er lebte mit der Natur und nicht gegen sie. Der Steinzeitmensch stand morgens auf, blickte gegen den Himmel und das UV-Licht, das bläuliche, stoppte vermittelt über Rezeptoren der Netzhaut sofort die Melatoninproduktion. Tageslicht mit einem hohen Blauanteil „schaltet" Sie in den Tag- bzw. Wach-Modus.

Deshalb können Sie bei Licht mit einem hohen Blauanteil (Stromsparlampen, Leuchtstoffröhren, LED-Licht) nachts besser arbeiten, Sie sind konzentrierter, mit solchem Licht können wir den Nachtmodus bei Schichtarbeitern besser „eliminieren" usw. Dieses blau-lastige Licht wird sehr stark von den heute so verbreiteten Stromsparlampen, Leuchtstoffröhren ausgesendet. Insbesondere die neuen „umweltfreundlichen" LED-Lampen schalten uns „auf Tag". Deshalb sind LED-Lampen tagsüber auch okay. Aber auch Ihr Fernseher ist inzwischen ein LED-Fernseher. Der Bildschirm Ihres Notebooks auch, ebenso das Display Ihres Smartphones, Ihr PC-Bildschirm sowieso, Ihr iPad auch. Und dieses blaue Licht sagt „Tag", sagt „aktiv sein", sagt „kein Melatonin".

In der Höhle gab es nur Feuerschein…

Wenn die Sonne unterging, ging der Steinzeitmensch in die Höhle. Dort gab es entweder gar kein Licht oder

Licht von unten. Feuer, glühende Steine, rotes Licht, keinen Blauanteil. Dieses Licht sagt „Umschalten von Tag auf Nacht". Dieses Licht sagt, „Melatoninproduktion". Doch Melatonin entsteht unter anderem durch Abbau von Serotonin. Sie wissen schon, das Gute-Laune-Hormon.

Warum ein hoher Anteil von blau im Licht Sie (und Ihre Patienten) schlecht schlafen lässt
Das bedeutet, wenn Sie abends vorm PC sitzen, wenn Sie abends noch Ihre Mails checken, bevor Sie ins Bett gehen oder wenn Sie abends auf dem iPad noch lesen, googeln oder die neuesten Studien suchen, dann sagt das blaue Licht der Bildschirme Ihrem Körper: „Es ist Tag". Sie können schlecht schlafen oder werden nachts öfter wach. Deshalb abends weg mit Blaulicht, weg mit Licht von oben.

Stromsparlampen oder LED's killen den Schlaf
Wenn Sie zu Bett gehen, sollten Sie daher jegliches Licht mit Blauanteil meiden. Dies sind leider die klassischen Energiesparlampen und insbesondere die neuen, stromsparenden LED-Lampen. Aber auch Tablets, Handys wie auch LED-Fernseher haben in ihrem Licht einen hohen Blauanteil. Damit wird die Melatoninbildung komplett unterdrückt. Gibt es dann noch im Schlafzimmer Licht mit hohem Blauanteil, Lichteinfall von oben (auch die Nachtleuchten in den Steckdosen sind Stromsparleuchten), so wird hierdurch natürlich das Einschlafen wie aber auch das Durchschlafen erheblich erschwert.

Abends weniger blaues Licht

Deshalb empfehle ich Ihnen, abends eher kein Fernsehen zu schauen oder zumindest den Fernseher auf den Boden zu stellen, im Schlafzimmer keine Stromsparbirnen oder LED-Birnen sondern Halogenbirnen oder klassische Birnen zu verwenden und idealerweise die Lichtquellen von unten kommen zu lassen (Bodenlicht etc.). Lesen Sie besser ein Buch oder wenn Sie ein Tablet etc. verwenden, schalten Sie das Licht so schwach, wie es nur geht. Apple hat deshalb auch den „Night Shift" Modus (siehe: Einstellungen => Anzeige & Helligkeit => Night Shift) eingeführt. Ideal wäre natürlich Kerzenlicht oder ähnliches im Schlafzimmer. Sorgen Sie zudem für Rituale, d. h. lassen Sie den Abend möglichst gleichförmig ablaufen. Sie kennen das von Ihren Kindern. Zur gleichen Zeit ins Bett gehen, noch eine Gute Nacht-Geschichte, dann zufrieden einschlafen. Bei den Ärzten empfehle ich ganz klar, abends nicht mehr vom Heimarbeitsplatz aus Patientenakten am PC zu wälzen oder sich bei Google, Wikipedia etc. fortzubilden. Lesen Sie dafür besser ein Sachbuch oder – politisch bzw. umweltfreundlich nicht ganz korrekt – drucken Sie sich die neuesten Studien noch während der Arbeitszeit aus und lesen Sie diese dann abends ganz konventionell, idealerweise bei einer unproblematischen Lichtquelle.

Neueste Studien geben Hinweise, dass Melatoninmangel, bedingt durch ungesunden Lebensstil, schlechte Versorgung mit Tryptophan und zu viel „modernem Licht", nicht nur zu schlechtem Schlaf oder Schlaflosigkeit führt, sondern Übergewicht, unerfüllter Kinderwunsch, Krebserkrankung etc. hierdurch bedingt oder verschlechtert werden können.

Melatonin-Kapseln sind nicht die Lösung
Meinen Patienten, welche unter Schlafstörungen litten, habe ich immer Melatonin empfohlen. Das Problem ist nur, wenn Sie Melatonin von außen zuführen, Ihre Serotoninspiegel aber sehr hoch sind, und diese nicht auf natürliche Weise abgebaut werden, stimmt das Verhältnis dennoch nicht und die Schlafqualität wird nicht wesentlich verbessert. Wir kennen dies von Omega-3-Fettsäuren. Personen, welche Omega-3-Fettsäuren einnehmen, als Lachsölkapseln, aber weiter Wurstwaren, Schweinefleisch, Fast Food etc. essen, haben keinen Nutzen von den Omega-3-Fettsäuren, da ihr Omega-3-Index immer noch schlecht ist, da das Omega-6- zu Omega-3-Verhältnis immer noch bei 10:1 liegt. Wir müssen beides tun: uns Omega-3-Fettsäuren zuführen aber gleichzeitig die Zufuhr von Omega-6 etc. reduzieren.

Essen Sie gute Laune, aber auch guten Schlaf!
Um genügend Serotonin (und daraus dann nachts Melatonin) zu bilden, muss unser Körper gut mit Tryptophan versorgt sein, einer essenziellen Aminosäure. Aber wir sind ja gerade auf Diät oder wir essen Fast Food, Pommes oder nur Salat oder nur Gemüse. Fast Food ist sicher ungesund, Salat und Gemüse sind gesund. Aber beiden fehlt das Tryptophan. Und ohne Tryptophan kein Serotonin. Und ohne Serotonin im Nachtrhythmus zu wenig Melatonin. Sie sehen schon, Gesundheit kann man essen. „Leuchtet Ihnen das ein?" Und noch etwas: Fettes Essen abends stört den Schlaf. Fettes Essen stört die Melatoninbildung. Fettes Essen lässt uns unruhig schlafen. Deshalb gerade abends

keine gehärteten Fette, keine Wurstwaren, auch keine Spaghetti Carbonara oder ähnliches.

Abends ein mageres Steak (Eiweiß, Tryptophan!) mit viel Gemüse (Ballaststoffe sind gut für den Darm, füllen den Bauch), möglichst gedünstet, damit das ganze bekömmlich ist. Nicht zu spät essen, damit Sie nicht mit vollem Bauch ins Bett gehen müssen.

Machen Sie Ihr Schlafzimmer zum „Rotlicht Viertel"

Also mein Tipp: im Schlafzimmer am besten Rotlicht und am besten Licht von unten. Es gibt inzwischen spezielle Lampen, die man entsprechend dimmen kann, die ein natürliches Lichtspektrum haben, ohne Blaulicht, welche man dann auf den Boden stellt. Und die Leselampe? Ich hab noch Glühbirnen in der Leselampe oder, wie gesagt, Halogenbirnen. Und abends nicht iPad, nicht Computer, nicht Handy. Ein schönes Buch tut es auch. Und das Licht möglichst schwach einstellen, Ihre Augen gewöhnen sich dran, damit Sie gerade noch entspannt lesen können. Sie werden merken, wenn Sie so lesen, werden Sie ganz entspannt sein und mit der Zeit müde werden.

LOGIsch Essen gegen Stress

Die beste „Anti-Stress-Ernährung" ist für mich immer noch die LOGI-Methode (Worm 2009). Bei dieser modifizierten mediterranen Ernährung essen Sie viel „gutes" Fett, also einfach ungesättigte Fettsäuren und viel Omega-3-Fette. Die Basis sind Gemüse, danach kommt hochwertiges Eiweiß, ein paar ballaststoffreiche Kohlenhydrate und als Nachspeise Obst, am Sonntag darf es auch mal ein

Stück Kuchen sein. Und natürlich Bewegung. Damit wäre eigentlich schon alles getan. Es klingt so einfach – man muss es nur mal ausprobieren.

Mehr „Work" oder mehr „Life" – jeder hat seine eigene „Balance"
Work-Life-Balance, das Thema habe ich längst aufgegeben. Dieses angeblich „gesunde" Trennen zwischen Work und Life, ist nicht jedermanns Sache – bei mir war das auf jeden Fall „so richtig daneben"! „Balance" hört sich positiv an, meint aber die strikte Trennung zwischen Arbeit und Privatleben! Das macht noch mehr Stress. Man versucht, die Gewichtung immer mehr zum Privatleben zu verschieben. Doch das gelingt nicht immer. Weil im Berufsleben vieles dazwischen kommt. Und man hat Stress. Gerade in Lebensgemeinschaften (früher Ehe genannt) ist man ja oft unterschiedlicher Meinung, wie die Gewichtung sein sollte. Ihr Partner hat da oft andere Vorstellungen als Sie selbst? Das macht Ihnen Stress. Sie wollen beruflich weiter kommen, andererseits soll Ihr Privatleben ausgebaut – sorry: gepflegt werden. Das macht Stress.

Work-Life-Flow – Integration statt „Balance" oder Trennung
Ich gehe inzwischen anders vor, versuche meine Work-Life-Balance so zu finden, dass ich eher fließende Übergänge habe. Das heißt nicht, dass ich am Wochenende sämtliche Mails checken muss. Auf keinen Fall! Aber wenn ich am Wochenende eine gute Idee habe für ein Buch, für einen Vortrag, dann habe ich mein Diktiergerät bei mir

und ich diktiere es sofort. Wenn ich abends im Bett liege und grübele, dann schreibe ich alles nieder und setze es am nächsten Tag um.

„Schatz – wir müssen reden!" mal anders…
Und ich binde meine Partnerin mit in meine Arbeit ein. Ich erzähle ihr von meiner Arbeit und sie hat oft gute Ideen. Und dann hat sie auch Verständnis. Nichts ist schlimmer, wenn man die Bedürfnisse anderer erfüllen soll und zwischen den Stühlen sitzt. Ich würde gerne noch das Buch fertig machen, den Artikel heute noch abgeben, ich würde gerne noch in der Praxis Zusatz-IGeL-Leistungen anbieten oder praxisparallele Ernährungsberatung, ich würde gerne noch ein Gesundheitszentrum gründen, aber wann soll ich das alles tun? Und zu Hause? Stress pur. Reden Sie mit Ihrem Partner darüber. Vielleicht kann ja auch die Lösung sein, dass Sie gemeinsam Projekte angehen.

Problemen kann man nicht davonlaufen
Ein Freund von mir, auch selbstständig, nicht Arzt, sondern Biobauer, hat ein Unternehmen aufgebaut. Er ist sehr erfolgreich. Und er läuft und läuft und läuft. Früher sind wir gemeinsam Fahrrad gefahren, wir sind auch gemeinsam gejoggt. Doch jetzt läuft er Marathon. Sieben in einem Jahr, den ersten an Silvester um Null Uhr. Mal ganz ehrlich. An Silvester um Null Uhr habe ich Besseres zu tun, als einen Marathon zu laufen. Es sei denn, ich mache mir Stress mit dem Marathon-Lauf. Ich mache mir Stress mit meinen (Best)Zeiten. Und ich glaube, er läuft

vor irgendetwas davon. Vielleicht braucht er einfach nur Zeit für sich und läuft seiner Arbeit davon, oder seinen familiären Problemen, was weiß ich.

Warum ich keine Pulsuhr (mehr) trage

Sport ist gut als Ausgleich. Doch machen Sie bitte Sport für sich selbst, nicht für andere, nicht für irgendwelche Zeiten, die Sie dann posten oder mit irgendwelche Gruppen teilen. Nicht für irgendein Ranking in Ihrer Altersklasse, nicht für „persönliche Bestzeiten" oder welche Rekorde auch immer. Ich laufe inzwischen sogar ohne Pulsuhr. Was soll das Ganze? Ich merke doch, ob ich mich wohlfühle. Die Pulsuhr braucht nur jemand, der eigentlich zu schnell laufen will, der sich überfordern will. Die Pulsuhr soll ein Drehzahlbegrenzer sein. Wenn ich aber auf meinen Körper höre und entspannt laufe, dann brauche ich keinen Drehzahlbegrenzer.

Entspannen statt „Fettverbrennen"

Für mich ist es völlig egal, wenn ich „zu langsam" laufe, wenn ich unterhalb meines optimalen Fettverbrennungspulses bin. Was soll der Quatsch? Ich mache doch nicht Sport, um Fett zu verbrennen. Ich mache Sport, um Stresshormone abzubauen, ich mache Sport, um mein Herz-/Kreislaufsystem zu trainieren. Ich mache Sport, um mein HDL-Cholesterin zu erhöhen, um meine Muskulatur zu erhalten, damit ich besser schlafe, damit meine Potenz erhalten bleibt. Ich mache Sport, damit ich gut drauf bin, für meine Umwelt genießbar bin, weil es mir einfach Spaß macht.

Wir stressen uns selbst

Sie sehen schon, in der heutigen Zeit wird alles zum Stress. Freizeitstress. Wir müssen unserer Familie, unseren Kindern möglichst viel bieten. Ich habe eine Bekannte, die hat Stress mit Feinschmecker-Restaurants. Unter einem Michelin-Stern tut sie es nicht. Und siehe da, ihre Freundin ist Ärztin, deren Ehemann auch. Sie haben eine gut gehende Praxis, keine Kinder – double income – no kids. Und sie sind fast jedes Wochenende in irgendeinem Sterne-Restaurant. Und jetzt will unsere Bekannte hier mithalten. Da werden die Promi-Restaurants sechs Monate im Voraus geplant und gebucht! So ein Stress!

Spontan genießen – statt geplant angeben!

Ich gehe lieber zu meinem Italiener. In ein Restaurant mit oder ohne Stern, ist mir völlig egal, wo ich keinen Stress habe. Wo ich gemütlich essen kann. Und manchmal ganz einfaches Essen, kann auch ganz lecker sein. Ich brauch doch keinen Stern oder einen Rotwein für 80 oder 100 EUR, nur damit ich mich vor anderen wieder damit brüsten kann, wie toll ich gegessen habe. Ich esse doch für mich. Wenn es mir geschmeckt hat, bin ich zufrieden, egal wie der Preis war, egal, ob das der In-Italiener ist oder sonst was.

Vergleiche mit anderen statt eigene Werte zu leben

Überall machen wir uns Stress. Beim Autokauf, auf welche Schule die Kinder gehen, wie meine Praxis ausgestattet ist, wer die meisten Scheine hat, welche Zusatzbezeichnung ich mir noch aufs Praxisschild schreiben kann und, und, und.

Mehr Stress durchs Internet

Und jetzt gibt es ja auch noch die sogenannten Arzt-Bewertungsportale. Super, jeder Patient kann mich bewerten, jeder Patient kann mir Stress machen. Und das auch noch anonym. Toll! Dabei kann ein Patient die Qualität eines Arztes in den seltensten Fällen beurteilen. Er beurteilt, wie die Praxis eingerichtet ist, wie nett der Empfang ist, ob der Doktor zuhört und ob er auch was verständlich erklärt und in vielen Fällen, ob er auch Homöopathie oder Akupunktur anbietet. Die Qualität der Arbeit? Tja, hier fehlt ganz klar der Vergleich. Das heißt, diese Beurteilungen sind subjektiv. Machen aber dem Arzt Stress. Also was tun? Sich diesen subjektiven Kriterien beugen? „Populistische Medizin" machen? Da kann ich ja gleich in die Politik gehen!

Menschliche Medizin statt Abrechnungsoptimierung

Machen Sie die Medizin, die Sie für richtig halten. Arbeiten Sie so, dass Sie jeden Morgen in den Spiegel schauen können. Behandeln Sie Ihre Patienten so, wie Sie auch selbst behandelt werden möchten. Und wenn Sie nicht an Homöopathie glauben, dann lassen Sie es sein. Auch wenn man damit Geld verdienen kann. Mein „Hobby" ist die Ernährungsberatung. Ich mache das, weil es mir Spaß macht! Ich mache das, weil ich Patienten helfen will. Ich mache das, weil ich davon überzeugt bin, dass die meisten Erkrankungen ernährungsbedingte Krankheiten sind, und dass ich damit meine schulmedizinische Therapie perfekt unterstützen kann.

In jeder Leitlinie, egal ob es sich um die Hypertonie und Diabetes-Leitlinie handelt, steht an erster Stelle der Maßnahmen die „Lebensstiländerung". Und dann erst kommen die Medikamente. Und wichtig, auch in Stufe 2, wenn Medikamente eingesetzt werden, heißt es immer, „Fortsetzung der Lebensstiländerung". Doch hier fehlen meistens konkrete Angebote. Deshalb biete ich Ernährungsberatung an. Und weil es mir Spaß macht, weil ich es für sinnvoll erachte, weil ich selbst danach lebe und weil ich meinen Patienten etwas Gutes tun will. Und siehe da, wenn Sie so vorgehen und nicht das Geldverdienen an erste Stelle stellen, dann kommt der Erfolg von alleine. Die Patienten sind zufrieden, es spricht sich rum, Sie finden Anerkennung und verdienen auch noch gutes Geld.

Zuviel Erfolg kann auch stressen
Doch Vorsicht, wenn es zu viel wird, haben Sie wieder Stress. Deshalb gibt es bei mir eine Regel. Ich biete Ernährungsberatung nur an einem Tag pro Woche abends an. Und da mache ich maximal zwei Kurse hintereinander. Wenn der Bedarf größer wird, dann gibt es halt Wartelisten. Es gibt kein „notfallmäßiges Abnehmen". Ich lasse mich auch nicht unter Druck setzen oder erpressen. Die Gruppengröße ist auf 15 limitiert, ansonsten leidet die Qualität, dann hätte ich Stress und meine Kursteilnehmer wären unzufrieden. Muss nicht sein, klare Linie. Work-Life-Balance eben.

Nehmen Sie sich Auszeiten

Und auf der anderen Seite gönne ich mir Auszeiten. Das heißt, wenn Sie unter der Woche viel arbeiten müssen, dann planen Sie bewusst Auszeiten ein. Gönnen Sie sich Ruhe oder gönnen Sie sich etwas, was Ihnen Spaß macht. Eine Schallplattensammlung, einen tollen Plattenspieler. In meiner Situation muss ich fast jedes Wochenende Seminare halten, Freitag und Samstag. Ich habe es oben schon geschildert. Oft komme ich Samstagnacht spät heim. Sonntag dann die liegen gebliebene Post erledigen, schauen, ob bei den Kids alles in Ordnung ist, mit der Partnerin was unternehmen. Und montags wieder in die Mühle, in die Praxis. Wieder arbeiten. Gleich ab 7 Uhr geht es los. Das wäre Stress pur.

Deshalb gönne ich mir den Montag als Freizeit. Wenn mir der Samstag fehlt, hänge ich eben den Montag dran. Und siehe da, der Sonntag ist viel entspannter. Und die Post etc., die Pflichtübungen, die kommen erst Montagmorgen dran. Und die sind dann in zwei Stunden in aller Ruhe erledigt. Und der Sonntag, ja das ist Genießen, entspannt sein. Nicht Pflichtprogramm mit der Familie oder der Partnerin, sondern Entspannungsprogramm mit der Familie und Partnerin, gemeinsam was machen. Und Sonntagabend gemütlich relax einschlafen, ohne die Gedanken an den nächsten Tag. Und es bleibt auch nichts liegen, alles wird erledigt, eben am nächsten Tag.

Dringlich ist meist nicht wichtig

Sie müssen lernen, zwischen wichtigen Dingen und dringlichen Dingen zu unterscheiden. So manches, was dringlich ist, ist nicht besonders wichtig. Deshalb erledige ich immer zuerst die wichtigen Dinge, die für mich oder andere wichtig sind. Und danach die dringlichen. Dann gibt es noch andere Dinge, die Ihnen von anderen aufgezwängt werden. Es ist die Frage, ob man die erledigen muss. Hier hilft ein kleines Wörtchen, ein freundliches „Nein".

Bestimmte Patienten machen Stress

Besonders anfällig für Zeitdiebe sind wir Ärzte, wir sind ja Heiler. Wir sind ja gebauchpinselt wenn ein Patient kommt und sagt, „Herr Doktor, Sie sind meine letzte Rettung. Wenn Sie wüssten, wo ich überall schon war, Sie sind mir überall empfohlen worden." Ich rate Ihnen zu größter Vorsicht bei diesen Patienten! Wenn Sie keine Zeit haben für diesen Patienten, wenn Ihre Praxis übervoll ist, dann rate ich Ihnen, nehmen Sie diesen Patienten nicht an. Er wird Ihnen Stress machen. Mehr als Sie denken.

Aber ich glaube, das brauche ich Ihnen nicht zu erzählen, das kennt jeder von uns. Und die Zeiten, wo man mit vielen Scheinen prahlen konnte, sind auch längst vorbei. Heute erntet man eher Mitleid. Sie müssen auch nicht mit Gewalt Ihren Privatanteil erhöhen oder Ihren IGeL-Umsatz steigern. Lassen Sie sich nicht von Kollegen, von Praxisberatern oder auch von Ihrem Steuerberater stressen.

Arzt aus Berufung

Ich denke, als Ärzte haben wir den schönsten Beruf der Welt. Wir können anderen Menschen helfen, wir tun was Sinnvolles, wir haben doch unsere Befriedigung über die

Arbeit selbst und nicht über den Umsatz. Und da mehr Arbeit nicht besser bezahlt wird, sollten wir deshalb den Umsatz auch nicht künstlich ausweiten, sondern einfach überlegen, wie kann ich für mich befriedigende, gute Medizin machen. Und wenn Sie Grippewellen etc. so sehr stressen, dass Sie für vernünftige Medizin keine Zeit mehr haben, dann denken Sie doch über eine Umstrukturierung nach. Gründen oder gehen Sie in eine Gemeinschaftspraxis, stellen Sie sich einen Assistenten an oder strukturieren Sie Ihre Praxis um. Es gibt so viele Möglichkeiten. Die Möglichkeiten sind heute besser denn je.

Wollen Sie auch noch ein Leben neben der Praxis?
Seien Sie kreativ, überlegen Sie zunächst, was Sie selbst wollen. Welche Medizin wollen Sie machen? Welche Praxiszeiten wollen Sie wirklich anbieten? Beantworten Sie diese Frage unabhängig zunächst mal von Ihrer Familie, sondern seien Sie ehrlich zu sich selbst. Wollen Sie Ihr gesamtes Dorf versorgen? Wollen Sie der „Platzhirsch" sein? Oder wollen Sie einfach nur vernünftige, gute Medizin anbieten, die Ihnen immer noch Spaß macht, nach 20, 30 oder auch 40 Berufsjahren. Das ist wichtig. Wenn Sie dies festgelegt haben, dann überlegen Sie, in welchen Strukturen Sie dies tun können.

Auf der anderen Seite schreiben Sie auf, was Sie sonst noch vom Leben erwarten. Wollen Sie regelmäßig Sport machen, wollen Sie Konzerte besuchen, wollen Sie viel reisen? Was erwarten Sie vom Leben? Haben Sie kleine Kinder, sind die Kinder aus dem Haus? Das sind ganz unterschiedliche Situationen.

Eine gute Beziehung muss man sich verdienen

Und dann reden Sie ganz offen mit Ihrem Partner. Vielleicht hat Ihr Partner auch ganz andere Vorstellungen. Meine Partnerin ist selbstständig, Psychotherapeutin in eigener Praxis. Sie plant ihre Termine sehr exakt und sehr sparsam, d. h. sie schafft sich sehr viele Freiräume, mehr als ich. Ich würde in ihrer Situation viel mehr Patienten behandeln, um mehr Umsatz zu machen. Doch das gibt ihr nicht die zusätzliche Befriedigung. Sie sagt, sie muss sich auf jeden Patienten einstellen, sie will eine gute Arbeit abliefern und das Geld, das sie damit verdient, das reicht ihr.

Sie kocht sehr gerne, sie liest sehr viel. Das ist ihr wichtig. Und sie kümmert sich um ihren noch nicht volljährigen Sohn, auch das ist ihr wichtig. Ich neige eher dazu, Workaholic zu sein. Wir haben uns ausgetauscht, ich habe von ihr gelernt. Ich arbeite jetzt weniger, sie übrigens aber nicht mehr. Und ich arbeite anders, aber so, dass ich immer noch zufrieden bin. Ich arbeite deutlich mehr als sie, aber sie hat für mich Verständnis. Und wir machen vieles gemeinsam. Das ist wichtig. Sie macht jetzt gemeinsam mit mir Sport und da ich ja nicht gegen die Uhr oder irgendwelche Zeiten laufe, können wir sehr schön gemeinsam laufen.

Haben Sie Spaß am Sport oder trainieren Sie?

Ich kenne viele Ärzte/Ärztinnen, die auch Sport machen, die Halbmarathon oder Marathon laufen, aber sie können nicht mit ihrem Partner laufen. Er/sie sei unsportlich oder einfach „zu langsam". Deshalb läuft der Partner alleine oder auch gar nicht. Wie Sie sich vorstellen können, fördert das nicht gerade das Eheleben und die Gemeinsamkeit. Das fördert eher den Stress.

Meine Partnerin und ich, wir planen gemeinsam Zeiten ein, wann wir ins Fitnessstudio gehen, wann wir laufen, wann wir schwimmen gehen. Und ich plane meine privaten Termine genauso wie die beruflichen Termine. Ansonsten kommen die privaten Termine zu kurz. Ich habe viele Patienten mit Diabetes, hohem Blutdruck, Zustand nach Herzinfarkt, denen ich niedrig dosierte, sportliche Betätigung (ohne Stress) empfehle, dazu etwas Krafttraining. Aber die Hauptausrede ist natürlich „keine Zeit." „Herr Doktor, wann soll ich das machen, ich hab keine Zeit." Dann sage ich: „wissen Sie, ich bin auch zeitlich sehr angespannt, eine Firma, eine Privatpraxis, ein Gesundheitszentrum, sehr viele Vorträge, auch am Wochenende. Und für jeden hat der Tag 24 h, es ist nur eine Frage der Priorisierung. Und deshalb plane ich meine Bewegungsaktivitäten im Voraus. Vor der Arbeit, nach der Arbeit, während der Arbeit. Gerade wie es passt.

Bewegung ist wichtig – planen Sie Zeit dafür ein!
Wenn ich plane, kommenden Mittwoch von 18 bis 19 Uhrlaufen zu gehen, hinterher eine halbe Stunde duschen und es ruft mich mein Freund Bruno an und fragt ob wir uns am Mittwoch um 18 Uhr treffen können, „Einen-Trinken-Gehen" zusammen oder wir haben uns schon lange nicht mehr gesehen, dann sage ich: „Bruno, gar kein Problem, nur 18 Uhr habe ich bereits einen Termin, wie wäre es denn ab 19.30 Uhr?" Auch das klappt.

Bruno ist glücklich, ich habe meinen Sport gehabt, ich bin relaxt, wir können uns gut unterhalten und alles ist okay. Hätte ich den Sport nicht entsprechend eingeplant, hätte ich mich mit Bruno bereits um 18.00 Uhr getroffen. Und dann hätte ich natürlich keine Zeit für Sport gehabt.

Ein „Quickie" in der Mittagspause

Oder auf der Arbeit, in der Mittagspause – da geht auch was, aber nicht, was Sie jetzt denken! Ich habe das große Glück, dass ich eine reine Privatpraxis betreibe und auch viele Zeit in meinem Unternehmen bin. Aber es hat sich gezeigt, dass Sie zwischen 12.30 und 14.00 Uhr quasi nirgendwo anrufen können. Die Ärzte sind auf Hausbesuch, Krankenkassen schieben Mittagspause, auf Ämtern erreichen Sie niemanden, lediglich Selbstständige sind mobil erreichbar. In dieser Zeit machen auch viele meiner Mitarbeiter Mittagspause. Das heißt von 12.30 bis 13.30 Uhr läuft relativ wenig. Da ich mittags fast nie etwas esse, sondern am liebsten einen meiner Eiweißshakes trinke, gehe ich vorher etwas Sport machen. Eine Dreiviertelstunde Fitnessstudio (viertel Stunde Stepper, halbe Stunde an Geräten) reicht vollkommen, eine viertel Stunde duschen und danach noch einen leckeren Eiweiß-Shake. Dann bin ich nach etwas mehr als einer Stunde wieder im Büro, völlig relaxt und dennoch topfit. Ich arbeite dadurch deutlich produktiver, komme abends relaxt nach Hause und plötzlich wird auch Sportmachen nicht zum Stress.

Finden Sie Ihren Rhythmus – probieren macht klug!

Sie müssen vor nichts und niemandem davonlaufen. Einfach nur relaxt und vernünftig einplanen. Das ist für mich

Work-Life-Balance. Nicht die strikte Trennung, nicht Arbeitsvermeidung und Freizeitausbau oder umgekehrt. Und es gibt hier keine Vorgaben, kein ideales oder perfektes Verhältnis zwischen Arbeit und Privatleben oder Freizeit. Vergessen Sie alle ach so klugen Trainer. Sie müssen Ihren eigenen Rhythmus finden. Und diesen Rhythmus müssen Sie mit Ihrem Partner und Ihrer Familie abgleichen und dann müssen Sie gemeinsam einen gangbaren Weg finden. Und hier müssen beide Kompromisse machen, Sie und Ihr Partner. Aber Kompromisse machen heißt, sich nicht verbiegen. Heißt nicht, bei den wesentlichen Dingen Abstriche machen. Und wenn das überhaupt nicht klappen sollte, dann haben Sie eventuell den falschen Partner, oder Sie brauchen professionellen Rat. Aber glauben Sie mir, in den meisten Fällen klappt das. Oft ist es einfach nur ein Kommunikationsproblem.

Ärzte sollten Vorbilder sein

Wir Ärzte sollten Vorbild sein für unsere Patienten, für unser Umfeld. Ich meine damit natürlich, dass wir integer sind, dass wir gute Medizin machen, dass wir Standards einhalten und dass wir uns optimal um unsere Patienten kümmern. Leider ist es ja so, dass es inzwischen notwendig ist, dass man Ärzte zur Fortbildung zwingt, Fortbildungspunkte sammeln. Ich finde dies traurig bzw. beschämend, zeigt dies doch davon, dass einige Kollegen ansonsten sich nicht entsprechend weiterbilden würden.

Andererseits gibt es Kollegen, die besuchen eine Fortbildung nach der anderen, sammeln Zertifikate und Zusatzbezeichnungen zuhauf, wenden das erworbene Wissen jedoch nie in der Praxis an. Auch hier wäre mal wieder der goldene Mittelweg genau richtig.

Ich denke, Fortbildung ist wichtig, damit der Spaß an der Arbeit erhalten bleibt. Die Medizin macht heute Riesenfortschritte. Das ist gut so, und diese sollten wir kompetent an unsere Patienten weitergeben können. Das schafft Befriedigung, das erhält den Spaß an der Arbeit und das hält Sie auch geistig frisch. Deshalb besuchen Sie regelmäßig Fortbildungen.

Vorleben statt nur Empfehlen

Aber Vorbild sein meine ich anders. Es kann nicht sein, dass ein Arzt deutliches Übergewicht hat, einen Bauchumfang von 120 cm und dann dem Diabetiker sagt, er soll seine Ernährung umstellen oder selber raucht und dem Herzinfarkt-Patienten sagt, er solle das Rauchen einstellen. Ich glaube, das ist unglaubwürdig. Ich kenne einige Kollegen, die das für sich akzeptiert haben und begonnen haben, 10–15 kg abzunehmen. Sie müssen nicht normalgewichtig sein, Sie müssen nicht sportlich sein, ein leichtes Übergewicht ist überhaupt kein Problem. Sie sollten aber nach außen demonstrieren, dass Sie sich gesund ernähren. Und Sie sollten sich doch einigermaßen regelmäßig bewegen.

Sie werden beobachtet…

Glauben Sie mir, wenn ich beim Discounter einkaufe, die Patienten schauen in meinen Einkaufswagen. Ich gehe oft selbst einkaufen, das macht mir einfach Spaß und ich bin auch gut über aktuelle Angebote oder Preise informiert und kann dann meinen Patienten in den Ernährungskursen Tipps geben, wo es was günstig gibt, bzw. was bei den typischen Discountern gute und was weniger gute Lebensmittel sind.

Und wenn ich im Fitnessstudio bin und treffe einen Patienten, dann bestätigt dies meinem Patienten, in Zukunft weiter zu trainieren. Oder ich treffe auch Patienten im Schwimmbad. Oder bei uns – ich wohne auf dem Land – gibt es sehr schöne Strecken, wo man spazieren gehen kann. Wenn ich hier mit meinem Hund vorbei jogge und Patienten treffe, dann kann man auch mal ein Schwätzchen halten und die Patienten ermuntern oder loben, weil sie spazieren gehen. Das spricht sich rum.

Jeder hat die Patienten, die er verdient
Und deshalb kommen bestimmte Patienten zu mir. Sie werden es nicht glauben, diese Patienten wollen von mir wissen, wie man sich gesund ernährt oder mit welchem Sport oder wie sie in den Sport einsteigen sollen. Das geht so weit, dass ich auch Laktatdiagnostik anbiete für Sportler. Das macht einfach Spaß, sich mit diesen Leuten zu beschäftigen, sie als Patienten zu haben. Und zusätzlich ist die Laktatdiagnostik auch noch wirtschaftlich sehr lukrativ.

Mit Spaß Geld verdienen
Versuchen Sie, immer sinnvolle und interessante Leistungen in Ihrer Praxis anzubieten, die Ihnen „liegen", die Ihnen Spaß machen und Sie werden „nebenher" und vor allem extrabudgetär noch gutes Geld verdienen. Und

glauben Sie mir, Geld verdienen ist keine Schande. Ich weiß: „Neid ist die deutsche Form der Anerkennung. Neid muss man sich verdienen, Mitleid kommt von selbst!" Seien Sie doch einfach stolz, wenn Kollegen neidisch sind. Prahlen Sie nicht mit Ihren Umsätzen, prahlen Sie nicht mit Ihrem Privatanteil, sondern machen Sie einfach Ihr Ding.

„Bei mir läuft das nicht…"

Jetzt denken Sie vielleicht, dass Ihre Patienten keine Laktatdiagnostik nachfragen oder dass Ihre Patienten keine IGeL-Leistungen in Anspruch nehmen. Ihre Patienten wollen alles nur auf Kasse haben. Das kenne ich. Jeder hat die Patienten, die er verdient! Stichwort: selbst erfüllende Prophezeiung. Wenn Sie keine IGeL-Leistungen anbieten, müssen Sie sich nicht wundern, dass auch Patienten diese nicht nachfragen. Wenn Sie keine innovativen Leistungen anbieten, warum soll dann ein neuer Privatpatient zu Ihnen kommen? Er geht immer zu Kollegen, die sich regelmäßig fortbilden und die solche Leistungen anbieten. Sie sehen schon, das eine bedingt das andere.

Spaß an der Arbeit verhindert Burn-out

Und wenn Sie jetzt hier was ändern, Ihr Praxisangebot „modernisieren", dann haben Sie mehr Spaß an der Arbeit, mehr Privat- bzw. IGeL-Umsatz und weniger Frust durch das GKV-System. Weniger Frust und mehr Spaß bei der Arbeit – das ist doch die beste Burn-out-Prophylaxe!

Aber leider ist die Burn-out-Rate bei Ärzten immer noch extrem hoch. Ärzte haben zudem viel häufiger als der

Durchschnitt der Bevölkerung Alkoholprobleme. Ärzte rauchen häufiger und tatsächlich ist sogar die Lebenserwartung bei Ärzten unter dem Durchschnitt andere Akademiker. So viel zum Thema „Vorbild"!

2.5 Sie arbeiten selbst und ständig?

Bei der Führung einer Arztpraxis ist Teamwork wichtig – und Sie müssen das Team führen. Nur wenn alle an einem Strang ziehen und Hand in Hand arbeiten, können Sie stressfrei arbeiten. Die Beurteilung einer Praxis durch Patientenportale kann auch viel Stress machen. Dabei werden sehr häufig Äußerlichkeiten beurteilt, da die Qualität der medizinischen Behandlung – mangels Vergleich – vom Patienten selbst meist nicht objektiv eingeschätzt werden kann.

Wie ist der erste Eindruck, wenn Sie durch Ihre Praxis gehen? Setzen Sie sich einfach selbst abends mal ins Wartezimmer und betrachten Sie Ihre Praxis aus dem Blick des Patienten.

- Macht die Praxis einen freundlichen Eindruck?
- Wirkt sie aufgeräumt, strukturiert?
- Wie ist die Anmeldung organisiert?
- Ist Diskretion gewahrt oder kann das ganze Wartezimmer mithören?
- Werden Patienten am Empfang direkt persönlich angesprochen und nach ihrem Anliegen gefragt oder müssen Sie erst lange warten und stehen, ohne dass sie jemand wahrnimmt?

- Ist Ihre Wartezimmerliteratur auf dem aktuellen Stand oder datiert sie noch vor Wochen oder gar Monaten?
- Nutzen Sie moderne Kommunikationsmedien wie Wartezimmer-TV, um über Zusatzleistungen zu informieren oder auf Ihre Zusatzqualifikationen hinzuweisen?
- Haben Sie eine Terminsprechstunde organisiert mit genügend Puffer oder eine offene Sprechstunde?
- Werden Patienten aktiv auf Check-up-Termine und Vorsorgetermine hingewiesen?
- Gibt es ein entsprechendes Recall-System?
- Hat Ihre Praxis ein eigenes CI, tragen Ihre Mitarbeiter eine einheitliche Kleidung?
- Wichtig – trägt jeder Mitarbeiter ein Namensschild, damit er persönlich angesprochen werden kann?
- Hängt im Wartezimmer eine Bildertafel mit Ihrem und dem Namen Ihrer Mitarbeiter und der Funktionsbezeichnung?
- Bieten Sie zusätzlich Service an wie einen „Wartekaffee" oder ähnliches, zumindest für Patienten, die nüchtern zur Blutentnahme kommen und dann auf die Arbeit müssen?
- Werden Termine auch pünktlich eingehalten?
- Wird dem Patienten – von Ihren Mitarbeitern – vernünftig erklärt, wenn es zu ungeplanten Verzögerungen (s. oben, ungeplante Hausbesuche, Notfälle) gekommen ist?
- Hat Ihre Praxis ein Leitbild/Philosophie?
- Ist diese schriftlich niedergelegt und allen Mitarbeitern bekannt und wird diese gelebt?
- Führen Sie regelmäßig Mitarbeiterbesprechungen durch?

- Wochenbesprechung
- Monatsbesprechung
- Mitarbeitergespräche, mindestens einmal im Jahr

- Gibt es eine elektronische Liste, in der Mitarbeiter Verbesserungsvorschläge eintragen können? Werden diese dann im Team besprochen und bei allgemeiner Befürwortung konsequent umgesetzt?
- Nutzen Sie moderne Medien, um Servicedienstleistungen anzubieten?

- Homepage Ihrer Praxis
- Möglichkeit der Terminvereinbarung über das Internet
- Bestelltelefon für Rezepte bzw. Möglichkeit per Internet zum bestellen
- Ist Ihre Praxishomepage aktuell mit Urlaubszeiten, evtl. Gesundheitsvorträgen, aktuelle Gesundheitsleistungen?
- Wird Ihr Team im Internet vorgestellt?

Dies ist nur eine kleine Liste der Möglichkeiten, welche Ihre Praxis attraktiver, das Arbeiten angenehmer machen und gleichzeitig Ihren Stresslevel senken.

2.6 Sich beschwerende Patienten als Chance

Es ist nie zu vermeiden und für alle sehr unangenehm, wenn Patienten sich beschweren. Dies ist umso schlimmer, wenn dies lautstark an der Anmeldung oder im Wartezimmer geschieht. Sie müssen auf solche Beschwerden vorbereitet sein und diese als Chance sehen, ansonsten erzählen dies die Patienten ihren Freunden und Bekannten weiter oder es kursieren negative Bewertungen im Internet. Was ist also zu tun?

Beschwerden sind Chefsache. Wenn ein Patient sich lauthals an der Anmeldung oder im Wartezimmer beschwert, sollten Sie als Chef sich der Sache annehmen und den Patienten, gemeinsam mit einer Mitarbeiterin, in einen getrennten Raum bitten. Dadurch erreichen Sie, dass nicht alle anderen Patienten mit in die Sache hineingezogen werden und der Beschwerdeführer fühlt sich ernst genommen, da Sie sich seiner Sache persönlich annehmen.

Reden lassen und zuhören

Sie sollten ihn dann fragen, worum es sich handelt und sich seine Beschwerde komplett anhören. In der Regel sind Beschwerden nie grundlos, oft liegen Missverständnisse oder Kommunikationsprobleme zugrunde. Nachdem Sie den sich beschwerenden Patienten haben ausreden lassen, sollten Sie sich bei ihm bedanken, dass er seine Beschwerde äußert.

Nichts ist schlimmer als Patienten, die Ihre Praxis verlassen aber im Umfeld negativ über Sie reden oder Ihnen negative Bewertungen im Portal geben. Dann sollten Sie seine Beschwerde aufgreifen und den Patienten selbst fragen, wie nach seiner Meinung in Zukunft der Auslöser der Beschwerde vermieden werden kann bzw. was seiner Meinung nach eine optimale Lösung wäre. Damit binden Sie den Beschwerdeführer in die Lösung mit ein, er fühlt sich ernst genommen und sieht Ihr objektives Interesse daran, sich permanent auf die Patienten einzustellen und zu verbessern. Ist die Beschwerde ungerechtfertigt, sollten Sie sachlich Ihre Sichtweise darstellen und dies aus einer anderen Perspektive beleuchten. Sachlichkeit ist wichtig. Die Beschwerde sollte man nie persönlich nehmen, sondern sie als Chance betrachten, in Zukunft noch besser zu werden.

Aus Problemen Lösungen entwickeln
Es geht nicht um Zugeständnisse oder Gefälligkeiten, sondern um eine objektive Bewertung und eine gemeinsam mit den Patienten erarbeitete, akzeptable Lösung. Zudem sollten Sie diese Beschwerde schriftlich festhalten und die Lösungsmöglichkeiten bzw. Vermeidungsstrategien in der nächsten Teambesprechung behandeln.

So kann es Ihnen gelingen, dass Sie aus einem verärgerten Patienten einen zufriedenen Patienten machen, der dann umgekehrt im Freundeskreis, aber auch im Internet, über Ihre souveräne und lösungsorientierte Handhabung der Beschwerden berichtet. Dies stärkt Ihr Ansehen und das Ansehen der gesamten Praxis. Betrachten Sie Beschwerden als Chance, niemand ist perfekt. Auch wenn Sie die Beschwerde zum größten Teil als ungerechtfertigt ansehen, steckt doch irgendwo ein bisschen Wahrheit darin, bzw. lag ein Kommunikations- oder Verständnisproblem zugrunde, was Sie in Zukunft abstellen können. Bei diesem Vorgehen vermeiden Sie unnötigen Stress und reduzieren die Beschwerdehäufigkeit auch in Zukunft.

Stress kann auch anspornen und jung halten

Wie bereits gesagt, Stress bedeutet nicht, dass man viel zu tun hat, sondern Stress bedeutet, dass man bei der Arbeit keinen Spaß hat oder sich unter Druck gesetzt fühlt. Diese Stressoren sollten Sie ausschalten. Durch Umsetzung der o. g. Punkte können Sie schon viele exogene Faktoren ausschalten, sodass für Sie das Arbeiten angenehmer wird und Sie mehr Freude beim Arbeiten haben.

2.7 Aufschieberitis – oder warum (Versorgungsamts)Gutachten so lästig sind

Prokrastination, auch „Abschieberritis" genannt, betrifft insbesondere auch Ärzte. Wir haben vor lauter Arbeit keine Zeit, eine Teambesprechung durchzuführen, die längst fällige Renovierung der Arztpraxis anzugehen oder endlich das neue Terminsystem einzuführen. Es gibt so viele dringliche Dinge in der Praxis, dass die wichtigen Dinge einfach aufgeschoben werden. Doch diese dringlichen Dinge kann man planen oder delegieren.

Wenn Sie keine Zeit haben, die Axt zu schärfen, weil Sie so viele Bäume fällen müssen, sollten Sie sich professionelle Hilfe holen. Dabei meine ich nicht die typischen Praxisberater, die mit ihren Weisheiten (meist altbekannte Allgemeinplätze) ihren eigenen Lebensunterhalt gut bestreiten, sondern ich empfehle Ihnen einen persönlichen Coach.

Das Problem sind meistens nicht die Umstände, sondern Sie selbst!

Das heißt, Sie müssen selbst Verantwortung übernehmen und die Strukturen ändern. Sie kennen das, ein Versorgungsamtsgutachten nach dem anderen kommt rein, Versicherungsanfragen häufen sich und dann sollen Sie auch noch ein Gutachten zu einem bestimmten Fall (Kostenübernahme für bestimmte Operationen etc.) in kurzer Zeit erledigen und Sie schieben es vor sich her und Ihr geplanter Urlaub rückt näher und näher. Die übliche Situation – es werden Nachtschichten oder Zusatzschichten eingelegt und das, was wirklich dringlich ist, wird noch vorm Urlaub im Hauruckverfahren erledigt. Der Rest wird auf die Zeit nach dem Urlaub verschoben. Doch nach dem Urlaub stehen wieder sehr viele dringliche Sachen an, sodass Sie nach zwei Tagen bereits wieder urlaubsreif sind. Und Sie rennen weiter im Hamsterrad. Auf die Frage „Wie war Dein Urlaub?", antwortete mir ein Kollege: „Herrlich, super, doch am Montagmorgen nach dem Urlaub war bereits um zehn Uhr jeder Patient wieder mein persönlicher Feind." Das kann und darf nicht sein! Nicht der Patient ist schuld, nicht die Flut der Patienten oder der Ärztemangel sind schuld, nicht die Umstände, auch nicht die Politik, Flüchtlingswelle oder was wir alles so heranziehen.

Letztendlich liegt das Problem immer nur bei einem selbst, nur Sie selbst können es lösen. Der erste Schritt ist einfach. Trennen Sie konsequent die wichtigen Dinge von den dringlichen. Erledigen Sie die wichtigen Dinge selbst und dringliche Dinge delegieren Sie oder lassen sie zumindest so weit vorbereiten, dass Sie diese schnell erledigen können.

„Ich bin der Größte" (Muhammad Ali)

Sie kennen alle das Zitat von Cassius Clay bzw. Muhammad Ali: „Ich bin der Größte." Dieser als „Großmaul" bezeichnete Boxer war sicherlich einer der besten Boxer aller Zeiten. Der Ausspruch „ich bin der Größte" war gut für sein Business. Er provozierte die Massen und steigerte damit die Einschaltquoten – und natürlich auch seine Gagen. Sie haben das aber nicht nötig!

Dennoch neigen wir Ärzte dazu, uns selbst zu überschätzen. Es liegt einfach daran, dass wir im Sprechzimmer immer „der King" sind und die Patienten, egal welchen Beruf oder soziale Stellung sie haben, zunächst in der Defensive sind. Wir sind fachlich überlegen, wir teilen Diagnosen mit, welche Leben verändern und wir können auch Menschen in schwierigen Situationen durchaus sinnvoll und gezielt helfen. Dies führt aber dazu, dass die eigenen Fähigkeiten leicht überschätzt werden, zumal zum direkten Vergleich die Alternative oder die objektive Überprüfung fehlen.

Perfekt ist nicht immer perfekt

Andererseits neigen wir in vielen Dingen zum Perfektionismus und können diesem Anspruch nicht immer gerecht werden. Wir sollten daher differenzieren zwischen Dingen, welche wir akribisch, exakt und „perfekt" erledigen müssen. Dies betrifft unser „Kerngeschäft", d. h. den Umgang mit Patienten, Diagnostik und Therapie. Andere

Dinge sollten wir sicherlich gut und korrekt erledigen, ein übertriebener Perfektionismus ist aber gerade bei „schlecht bezahlten" Versorgungsamtsanfragen unnötig, bei Reiserücktrittsbescheinigungen fehl am Platz und auch die „sehr großzügige Bescheinigung zum Rücktritt aus dem Zweijahresvertrag des Fitnessstudios", der in der ersten Euphorie („jetzt wird alles anders, dieses Jahr mache ich viel Sport") abgeschlossen wurde, sollte kurz, fachlich und sachlich die Fakten darstellen (vorbereitet durch eine Mitarbeiterin, nur noch von Ihnen gegengecheckt) und nicht in ein wissenschaftliches Werk ausarten.

Technik spart Zeit und Nerven
Andererseits haben wir wieder keine Zeit, exakt zu dokumentieren, was im Falle eines Regresses, oder noch schlimmer im Falle eines Gerichtsverfahrens, dann erheblich Stress machen könnte. Dokumentation kann bzw. muss heute vereinfacht werden. Ich setze inzwischen konsequent auf digitale Medien bzw. elektronische Hilfen. das Mindeste was Sie haben müssten, ist ein Diktiergerät, idealerweise mit Spracherkennung. Es gibt inzwischen auch sehr gute Systeme, wie Sie in der Praxis-EDV mit wenigen Klicks Befunde gut und schnell dokumentieren können. Lassen Sie sich hier beraten und sparen Sie nicht am falschen Ende. Alles, was Ihnen Ihre Arbeit erleichtert, strukturiert, effektiver und effizienter macht, sollte konsequent genutzt werden, dies zahlt sich am Ende aus.

Mit Auszahlen meine ich nicht nur pekuniär, sondern vor allen Dingen in Lebensqualität. Das ist gut für Ihre Familie, für Ihre Kinder, für Sie selbst, aber am Ende auch gut für Ihre Patienten. Ein Arzt, der ausgeglichen ist, der sich nicht gestresst fühlt, behandelt seine Patienten besser und das spüren diese auch.

Sorgen Sie für Ausgleich, halten Sie sich fit

Ich selbst habe viele Jahre eine Kassenpraxis geführt mit etwa 1400 Scheinen im Quartal, zusätzlich einem hohen Privatanteil, habe zusätzlich noch Langzeit-EKGs für Kollegen ausgewertet und am Wochenende Seminare gehalten. Ich war voll in dieser Mühle drin und das blieb nicht ohne Folgen. Aber man merkt es nicht, man opfert dann immer mehr Freizeit, um den Stress „besser bewältigen" zu können, kuriert an Symptomen statt die Ursache zu lösen und findet sich dann mit der Situation ab.

Oft bedarf es – leider – äußerer Umstände, in meinem Fall die schwere Erkrankung meiner Frau, dass man plötzlich „zu sich kommt" und Dinge ganz anders gewichtet. Es kann auch zu schmerzhaften Entscheidungen führen, welche letztendlich aber sich als richtig erweisen und langfristig die Lebensqualität steigern. Ich habe bis heute sehr viel zu tun, halte insbesondere am Wochenende vor Kollegen sehr viele Seminare, diese gehen meist von Freitagmittag 16.00 Uhr bis abends 21.00 Uhr, danach gemeinsames Abendessen mit Diskussion und Austausch, und am nächsten Tag von 08.30 bis 17.00 Uhr. Glauben Sie mir, danach sind Sie platt, danach sind Sie fertig, das ist körperlich anstrengend.

Damit das Ganze nicht an meiner Gesundheit zehrt, ist die Lösung für mich ganz einfach, ich muss körperlich fit sein. Körperlich fit sein heißt, vernünftigen Sport machen, nicht gegen die Uhr rennen, heißt sich gesund ernähren, ein vernünftiges Gewicht haben und für Ausgleich sorgen. Gönnen Sie sich ein Hobby (ich sammele Schallplatten, restauriere alte Plattenspieler und Vintage-HiFi). Engagieren Sie sich sozial, machen Sie irgendetwas Vernünftiges, was Ihnen Spaß macht, statt sich einfach nur auf die Couch zu legen und sich berieseln zu lassen.

Sport sollte nicht stressen
Gerade beim Sport machen aber viele Menschen Fehler. Ich habe bereits erläutert, dass unser Stress-Programm immer noch das ein Steinzeitprogramm ist, dass wir Stress durch Bewegung abbauen, nach dem Motto „Fight or Flight". Das Problem ist nur, wenn der Sport selbst zum Stress wird. Ich habe mit einem Freund mehrere Jahre hintereinander größere Fahrradtouren gemacht. Da ich regelmäßig laufe, habe ich meinem Freund auch vorgeschlagen, dass wir gemeinsam vielleicht mal einen Halbmarathon oder ähnliches laufen und auch gemeinsam Sport machen. Das hat meinem Freund gefallen und hat ihn sehr angefixt. Nur mit einem kleinen Problem. Inzwischen läuft er etwa sieben Marathon pro Jahr, trainiert 50 bis 70 km die Woche und macht sich mit neuen Bestzeiten, neuen Trainingsplänen, Laktatdiagnostik etc. immer mehr Stress.

Dass das ganze System gekippt ist, wurde mir am 1. Januar 2016 schlagartig klar. Als ich (spät) morgens nicht ganz so fit aufwachte (ich hatte mit meiner Partnerin Silvester sehr schön in Köln verbracht), fand ich bereits auf meinem Handy eine SMS:

Bin heute Nacht um 00.00 Uhr (Silvester!) meinen ersten Marathon gelaufen mit einer persönlichen Bestzeit unter vier Stunden.

Sind Sie glücklich oder Laufen Sie Marathon?

Jetzt war mir schlagartig klar: mein Freund hat ein Problem! Wenn ich an Silvesternacht um Null Uhr einen Marathon laufe, statt mit Freunden oder der Familie zu feiern, dann hat der Sport für mich eine Priorität erreicht, die ihm nicht gebührt. Viele versuchen, im Sport das zu kompensieren, was ihnen im Alltag nicht gelingt, oder sie laufen einfach davon. Vor der Familie, vor Problemen oder vor sich selbst.

Spaß statt Bestzeiten

Meinen Patienten rate ich immer, sich körperlich zu betätigen und regelmäßig Sport zu machen. Dabei gehe ich bewusst nicht auf Vorteile bestimmter Sportarten ein, da letztendlich entscheidend ist, dass sie Freude an der Bewegung haben, dass sie Freude beim Sport haben. Nur dann werden sie dies regelmäßig durchführen. Meine Pulsuhr liegt schon lange in der Ecke, meine persönlichen „Bestzeiten" interessieren mich nicht mehr. Es macht mir einfach Spaß, alleine gemütlich zu laufen. Je nachdem, wie ich drauf bin, laufe ich schnell oder langsam. Der sogenannte Fettverbrennungspuls wird, wenn man sich wirklich auskennt, eh gnadenlos überschätzt.

Gemeinsam geht's besser – und macht mehr Spaß

Es macht sehr viel Spaß mit meiner Partnerin zu laufen, obwohl diese langsamer läuft. Ich bin dann nicht genervt, weil ich langsam laufen muss, sondern ich genieße die gute Gesellschaft. Man kann sich sogar dabei unterhalten und wie am Ende die Zeit war, wie mein Puls war, ob ich ihn wirklich im optimalen Bereich hatte, oder ob ich doch tatsächlich zu langsam gelaufen bin, wen interessiert das?

Mach's (nur) für Dich!
Und ich poste auch nicht meine Zeiten oder hänge mir irgendwelche Urkunden auf, denn das bedeutet doch nur, dass ich den Sport nicht für mich, sondern für andere mache. Ich will mich irgendwo beweisen. Und das ist gerade das Problem unserer Gesellschaft. Selfies auf WhatsApp, Nachrichten auf Twitter, persönliche Dinge auf Facebook, wen interessiert das denn? Dies zeugt doch nur von mangelndem Selbstwertgefühl und dass man sich vor anderen „produzieren" will. Und dies macht natürlich Stress, denn es gibt immer einen, der den Marathon noch schneller läuft, es gibt immer einen, der noch ein schöneres Sixpack hat, es gibt immer einen, der noch ein größeres Auto fährt, es gibt immer einen, der noch mehr Geld verdient und, und, und.

Sie selbst sind der Maßstab
Vergessen Sie all den Quatsch! Es kann viel sinnvoller sein, dass Sie sich mal einen Tag am Wochenende gönnen, sich in die Natur setzen, Ihr Leben reflektieren und dann aufschreiben, was ist gut, was ist schlecht, was ist mein Lebensziel? Was werden Leute über mich sagen, wenn ich mal gestorben bin? „Er hat ein tolles Auto gehabt, er ist den Marathon in 2 ½ h gelaufen oder er hat mehr Geld

verdient als sein Nachbar?" Oder sagt man Dinge über Sie, die wirklich wichtig waren? „Er hat sich um seine Patienten gekümmert, er war ein guter Arzt, er hat vielen geholfen, er hat sich um seine Familie gekümmert" Vielleicht haben Sie auch ein soziales Projekt ins Leben gerufen etc.?

Jeden Tag eine gute Tat

Ich habe in meinem Heimatdorf die Pfadfinder gegründet bzw. reaktiviert, war 15 Jahre Stammesvorsitzender und habe es geschafft, dass wir gemeinsam, aus eigenen Mitteln ein eigenes Pfadfinderhaus gebaut haben. Immer wenn ich an diesem Haus vorbeifahre, bin ich einfach stolz darauf, was wir geschafft haben. Immer wenn ich von meinen Nachfolgern höre, welche Sommerlager sie mit Kindern machen (zum Teil sozial schwache Kinder, die sich nie einen Urlaub leisten könnten), bin ich stolz, dass ich dieses mitinitiiert habe. Das gibt Ihnen eine innere Befriedigung, die Sie für kein Geld dieser Welt kaufen können. Deshalb denken Sie darüber nach, was Sie tun, geben Sie Ihrem Leben einen Sinn, der über Geldverdienen und Prestige hinausgeht.

Warum selbstlose Heiler irgendwann in Therapie müssen

Der Arztberuf ist einer der schönsten Berufe der Welt. Wir können anderen Menschen helfen, wir tun Gutes und fühlen uns gut dabei. Doch der selbstlose Heiler, der sich für seine Patienten aufopfert, der rund um die Uhr zur Verfügung steht, sollte der Vergangenheit angehören. Genau aus diesem Grund sind viele Ärzte mit ihrem Beruf inzwischen unzufrieden, sie jammern (allerdings auch auf hohem Niveau), beklagen die Budgetierung, beklagen die Deckelung, beklagen DRGs oder auch Fallpauschalen. Mehr Arbeit lohnt sich nicht mehr, wir sind zunehmend in unserem Job unzufrieden, rennen aber ohne zu reflektieren immer schneller in diesem Hamsterrad. Dabei bleiben unsere Kinder auf der Strecke, die Ehe wird geschieden, Suchtprobleme sind bei Ärzten überproportional vertreten. Genauso ist die Selbstmordrate höher als beim Durchschnitt der Bevölkerung. Oder wenn wir das alles „aushalten", ist auch die Lebenserwartung grundsätzlich geringer als beim Durchschnitt der akademischen Berufe.

„Liebe deinen Nächsten wie dich selbst"
Dabei wurde uns schon vor über 2000 Jahren eine sehr weise Empfehlung an die Hand gegeben: „Liebe deinen Nächsten wie dich selbst". Und der Zusatz „wie dich selbst", den sollten wir sehr ernst nehmen. Meinen Patienten erkläre ich dies immer an folgendem Beispiel. Vor jedem Start wird im Flugzeug erklärt, wie man sich im Notfall verhalten soll. Beim Druckabfall in der Kabine fallen von oben Sauerstoffmasken herab. Die Anweisung ist eindeutig: Setzen Sie sich zuerst die Sauerstoffmaske selbst auf, dann helfen Sie zum Beispiel den Kindern auf dem Nebensitz. Reflektorisch würde jeder versuchen, zunächst dem Kind auf dem Nebensitz die Sauerstoffmaske aufzusetzen und dann Gefahr laufen, selbst in der Hypoxie ohnmächtig zu werden und beide würden sterben.

Helfer müssen fit sein

Sorgen Sie sich daher immer primär um Ihre eigene Gesundheit und dann um die Gesundheit Ihrer Patienten. Wenn Ihre Gesundheit auf der Strecke bleibt, können Sie auf Dauer nicht für Ihre Patienten da sein, oder Sie sind ein schlechter, da kranker oder gestresster, Arzt. „Liebe deinen Nächsten wie dich selbst", ist daher keine egoistische Aussage, sondern sie ist eine sehr vernünftige Empfehlung zum Wohle Ihrer Patienten, aber auch zum Wohle Ihrer Familie, zum Wohle Ihrer Kinder, zum Wohle Ihres Umfeldes. Und wenn das Umfeld stimmt, dann geht es Ihnen auch wieder besser. Das heißt, fangen Sie bei sich an, dann lösen sich so manche Probleme, die vorher unlösbar schienen.

Ursachen statt Symptome bekämpfen

Wir kennen dies doch auch aus unserem Alltag. Natürlich kann ich bei Schmerzen Schmerzmittel verordnen. Aber ich kann mich auch um die Ursache kümmern. Auch hier ein kleines Beispiel. Sie haben ein neues Auto, sind ganz stolz unterwegs auf der Autobahn. Doch plötzlich geht eine rote Warnlampe im Armaturenbrett an. Sie fahren in die nächste Werkstatt. Der Werkstattmeister schraubt das Armaturenbrett auf, entfernt die rote Warnlampe und sagt: „Alles in Ordnung, Sie können weiterfahren, das Licht ist jetzt aus." Das ist doch der Weg, den wir oft im hektischen Praxisalltag einschlagen. Dabei erwarten Sie doch ganz klar, dass der Werkstattmeister die Haube öffnet und die Ursache sucht, warum die Lampe brennt. Und bei uns brennt die Lampe oft aus (Burn-out), weil wir nicht an der Ursache arbeiten, sondern an den Symptomen. Wir kümmern uns nicht um uns selbst, wollen aber die Patientenflüsse optimieren, wollen aber die neuesten Therapien für unsere Patienten kennen lernen und machen die x-te Fortbildung und, und, und.

Sie sind gut gerüstet – nutzen Sie es auch!
Dabei sind wirkliche Innovationen selten. Wir haben ein gutes Handwerkszeug und was wirklich wichtig und neu ist, dem können Sie sich eh nicht entziehen. Deshalb hecheln Sie nicht hinter Neuerungen hinterher, versuchen Sie sich nicht durch die x-te Zusatzbezeichnung „aufzuwerten", sondern kümmern Sie sich um die wichtigen Dinge, um sich selbst und dann um Ihre Familie und Ihre Patienten. Sie werden sehen, diese 2000 Jahre alte Empfehlung hat durchaus Ihren tieferen Sinn.

2.8 Machen Sie Ihr Ding (und nicht das der Kassen)

Sie müssen sich nicht für Ihre Patienten aufopfern, Sie müssen nicht der Heiler sein. Machen Sie einfach Ihr Ding. Aber machen Sie es anständig und machen Sie es so, wie Sie es für richtig halten. Nicht, wie es andere für richtig halten. Und regen Sie sich nicht mehr über die Kassen auf, über die KV, über den Regress. Das System ist, wie es ist und Sie können das System nur bedingt ändern. Aber Sie können sich mit diesem System arrangieren und können außerhalb des Systems viel Gutes tun.

Nur Kassenmedizin ist zu wenig

Und glauben Sie mir, die Patienten wissen das inzwischen. Ich erkläre meinen Patienten, dass Sie bei einem Check-up lediglich ein Gesamtcholesterin und den Nüchtern-Blutzucker bestimmt bekommen. Und dass ich ihnen damit nicht sagen kann, ob Sie gesund sind oder nicht. Da ich aber meine Patienten vernünftig untersuchen will, die Kassen dies aber nicht alles bezahlen, sage ich dies ganz offen meinen Patienten und erkläre ihnen, dass sie mit einem Invest von 60 oder mehr Euro eine vernünftige, da aussagekräftige Laboranalyse bekommen können. Und dann schaue ich mir die Werte unter präventiven Aspekten genau an. Ein HbA1c von 5,9 % ist für mich primär nicht normal, obwohl dieser Wert ja unter 6 liegt und damit per definitionem nicht pathologisch ist. Ich bin insbesondere dann „hellhörig", wenn der Bauchumfang dieses Patienten über 102 cm beträgt und es in seiner Familie bereits Fälle von Typ 2 Diabetes gab. Dieser Patient hat doch ein hohes Diabetesrisiko (Lerchbaum et al 2013). Natürlich, laborchemisch ist das HbA1c noch normal und erst ab 6,5 % hat man Diabetes. Aber ich will nicht warten, bis der Patient Diabetes hat und deshalb kläre ich ihn auf und sage ihm, was er tun kann. Glauben Sie mir, es gibt immer mehr Patienten, die genau diese Art von Präventivmedizin wollen.

Mit „Leberfasten" Diabetes therapieren

Oder ich habe den Patienten mit der Erstdiagnose Typ 2 Diabetes, HbA1c 7,3 %, Zufallsbefund in der Klinik, wo er zum Herzkatheter war. Dieser kommt nach Hause mit Metformin, 2 × 1000 mg. Ist doch ganz einfach, aber leider meist der Einstieg in die „Medikamenten-Karriere". Metformin ist kein schlechtes Medikament, das will ich gar nicht sagen. Aber die wichtigste initiale Therapiemaßnahme, die Lebensstiländerung wurde leider nicht verordnet.

Bei diesem geschilderten Patienten bestimme ich immer den Fettleberindex. (Fatty liver index (FLI), Bedogni et al 2006; Lerchbaum et al 2013; Walle 2015) Und ist dieser Fettleberindex erhöht, dann empfehle ich diesem Patienten zum Beispiel das Leberfasten (Worm 2014, 2016). Und siehe da, innerhalb von 14 Tagen kann man die Insulinresistenz durchbrechen (Lim et al 2011). Mit Start des Leberfastens wird Metformin auf 2 × 500 mg in der ersten Woche, in der zweiten Woche auf einmal 500 mg reduziert. Und wenn der Patient nachher dran bleibt, Ernährungsumstellung vornimmt, evtl. meine Ernährungskurse besucht, dann liegt das HbA1c nach drei Monaten nicht mehr bei 7,1 sondern irgendwann unter 6 %. Dann kann der Patient Metformin absetzen. Das war jetzt kein exotisches Beispiel, sondern das ist in meiner Praxis eher die Regel!

2.9 Ernährungsberatung gegen Stress

Sie glauben gar nicht, wie sich sowas rumspricht. Deshalb macht mir Ernährungsberatung (Becker und Walle 2014) auch so viel Spaß. Und ich kann sie zudem noch perfekt planen, sie ist stressfrei. Es gibt keine Notfälle. Ich „opfere" einen Abend in der Woche. Aber was heißt opfern? Dieser Abend geht bei mir von 18.30 bis 20.00 Uhr. Früher habe ich so lange Sprechstunde gemacht. Heute investiere ich diese Zeit in Prävention oder sinnvolle Therapie gemeinsam mit dem Patienten.

Und ich denke, damit helfe ich mehr Patienten, als wenn ich meine Sprechstundenzeiten ausweiten würde. Und ich habe inzwischen Patienten, die meine Ernährungskurse besucht haben, die jetzt in der Langzeitbetreuung sind (telemedizinisches Coaching), die ich in der Praxis vielleicht nur noch einmal im Jahr zur Laborkontrolle sehe. Natürlich als IGeL-Leistung, als echten Checkup, als echtes Präventivlabor mit allen wichtigen und sinnvollen Blutwerten. Alles planbar, alles befriedigend, alles stressfrei. So sollte es sein.

2.10 Wer nicht plant, verliert

Terminplanung ist das A und O. Ein volles Wartezimmer macht Ihnen Stress, lange Wartezeiten stressen Sie und Ihre Patienten, aber auch Ihr Personal. Alle sind unzufrieden, sie arbeiten unter Druck. Und die Qualität Ihrer Arbeit leidet. Was wiederum die Unzufriedenheit erhöht und damit negativen Stress erzeugt. Deshalb ist eine gute Terminplanung zwingend notwendig.

Sie müssen aber vorher herausfinden, welche Art der Terminplanung oder auch Nicht-Planung am besten zu Ihnen passt! Sonst haben Sie mit dem (nicht zu Ihnen passenden) Terminsystem zusätzlichen Stress. Es gibt hier unterschiedliche Modelle. Es gibt Kollegen, die haben immer eine offene Sprechstunde. Die Patienten richten sich darauf ein, der Kollege ist nicht gestresst, wenn die Wartezeiten immer länger werden, weil ja die ganz klare Ansage „offene Sprechstunde ohne Terminvergabe" heißt. Und da kann es auch mal sein, dass jemand auch mal zwei oder drei Stunden warten muss. Dafür kann man aber jederzeit zum Arzt – eben ohne vorherige Terminvergabe.

Ich könnte so nicht arbeiten, aber ich kenne einige Kollegen, die damit glücklich sind. Auf der anderen Seite habe ich Kollegen, die takten genau. Die Helferin fragt den Patienten im Detail aus, was ihm fehlt und was gemacht werden muss und es werden Termine zwischen 12,5, 10 oder 7,5 min vergeben. Für Impfungen wird noch weniger eingeplant. Alles ist perfekt getaktet, alles ist perfekt durchplant. Doch dann, wie oben gesagt, der berühmte Notfall. Alles gerät aus den Fugen. Und es gibt Wartezeiten für Patienten, lange Wartezeiten, und zwar für alle!

Privatmedizin ohne Stress – da vernünftig geplant
Oder Sie schieben immer wieder Privatpatienten dazwischen. Dann müssen aber die Kassenpatienten länger warten – auch nicht ideal. Dann schon besser getrennte Sprechzeiten für IGeL. Dienstagnachmittag ist dann nur IGeL-Sprechstunde, die jeder in Anspruch nehmen kann. Der Kassenpatient oder der Privatpatient. Mir ist der Versicherungsstatus meiner Patienten eh völlig egal. Das bedeutet für mich, wenn jemand eine optimierte Medizin will, dann kommt er in diese spezielle Selbstzahler-Sprechstunde. Das geht dann ganz klar über die Kassenleistung hinaus. Wenn er privat versichert ist, hat er eben das

Glück, dass er es zurückerstattet bekommt. Der Kassenpatient zahlt es selbst. Ist doch auch kein Problem. Wenn ich mit meinem Auto in die Werkstatt fahre und kriege eine Rechnung über 350 EUR für die Inspektion, dann sage ich, es war günstig. Warum soll ich nicht einmal im Jahr 350 EUR beim Arzt für einen sinnvollen Komplett-Check investieren? Ich denke, das ist auch günstig.

Auch das Unplanbare planen

Aber zurück zum Terminsystem. Den Privatstress haben wir schon mal raus. Alles durchtakten ist auch nicht immer die Lösung. Für mich war die beste Lösung, 45 min einer Stunde verplanen und 15 min als Puffer für Notfälle, dringliche Fälle, ungeplante Fälle. Und wenn dieser Puffer mal nicht aufgebraucht wurde, oh je, oh je, entgangener Umsatz. Alles Quatsch. Ein herrlicher Espresso, eine kurze Abstimmung mit dem Team sind mehr wert als zwei zusätzliche Patienten. Sie sehen schon, Druck rausnehmen, nicht Umsatz als höchste Priorität, sondern Lebensqualität, Arbeitsqualität, Berufsqualität. Nennen Sie es, wie Sie wollen. Für mich alles das Gleiche. Machen Sie sich Gedanken, welcher Typ Sie sind, probieren Sie verschiedene Terminsysteme aus. Und wenn die Termine nicht reichen, würde ich nicht unbedingt die Sprechstunden unendlich ausweiten.

Man muss auch abgeben können

Dann suchen Sie sich noch einen Kollegen. Ich weiß, das ist schwierig in der heutigen Zeit. Aber es gibt auch viele Kolleginnen und Kollegen, die halbtags arbeiten wollen, die sich nicht selbstständig machen wollen, die gerne vormittags oder nachmittags arbeiten wollen, die alleinerziehend sind, etc. Hier kann man sich doch arrangieren, d. h. Sie können hier Spitzenzeiten abfangen, Sie können spezielle Termine für Impfungen etc. bei diesen Kollegen ausmachen, und, und, und. Hier kann durchaus auch mal eine Beratung von einem Profi sinnvoll sein. Aber schauen Sie sich an, wer das ist und sparen Sie hier nicht am falschen Ende. Qualität kostet meistens. Und billig kann teuer werden.

2.11 Stress, Übersäuerung, Burn-out

Stress, Überbelastung etc., am Ende sind wir ausgebrannt. Burn-out ist das neue Modewort. Burn-out ist eine Vorstufe zur Depression und nicht so richtig fassbar. Früher waren wir einfach nur ausgelaugt oder urlaubsreif, heute haben wir Burn-out. Die Ursachen für Burn-out sind vielfältig. Kennen Sie das Thema Übersäuerung, Säure-Basen-Haushalt? Jetzt höre ich schon einige Kollegen sagen, so ein Quatsch, so ein Blödsinn. Aber lassen Sie mich kurz ausholen.

Wer dauernd sauer ist, ist irgendwann ausgelaugt
Ich habe zwei Jahre eine Intensivstation geleitet. Wir hatten Beatmungspatienten, welche wir komplett parenteral über Wochen ernährt haben. Patienten mit Zustand nach Schock, diabetischem Koma, Zustand nach Herzinfarkt,

vor und nach Lungentransplantation, Sie kennen das. Wenn Sie Intensivpatienten haben, dann bestimmen Sie mehrfach am Tag den Säure-Basen-Haushalt, base excess, HCO3-, pH-Wert etc. Und Sie regulieren ständig den Säure-Basen-Haushalt; entweder über Bicarbonat oder über die Beatmung, meist über beides. Sie können die Atemfrequenz, die Atemtiefe einstellen und somit den Säure-Basen-Haushalt (CO_2) respiratorisch steuern.

Ich hatte einmal eine Patientin im diabetischen Koma, pH-Wert knapp 7,0. Eigentlich mit dem Leben nicht mehr vereinbar. Was haben wir getan? Natürlich entsprechend beatmet, hyperventiliert, Bicarbonat-Infusionen und viel, viel Flüssigkeit. 10 L am Tag, natürlich kombiniert mit Furosemid. Bis wir den pH-Wert wieder ausgeglichen haben. Die Patientin war nach einer Woche wieder absolut stabil und wurde auf Normalstation verlegt. Bis dorthin hatten wir mehrfach täglich den pH-Wert und den Säure-Basen-Haushalt bestimmt. Und dann auf Normalstation? Kein Mensch schaut nach dem Säure-Basen-Haushalt, ist plötzlich völlig egal, die Natur regelt's (hoffentlich) von alleine.

In der Intensivmedizin Standard – im ambulanten Bereich verpönt

Und wenn ich dann die Patienten in die Praxis bekomme und das Wort Säure-Basen-Haushalt oder Übersäuerung in den Mund nehme, dann wird dies von vielen Kollegen als „naturheilkundlicher Quatsch" abgetan. Es ist aber kein naturheilkundlicher Quatsch, es ist ganz klare Ernährungs- oder Stoffwechselmedizin. Und den pH-Wert beeinflusse ich durch die Atmung und wir atmen in Ruhe nur mit einem Drittel unserer Lunge. Deshalb kennen Sie das, wenn Sie gestresst sind, erst mal tief durchatmen. Wenn Sie eine Aufgabe erledigt haben, dann atmen Sie mal tief aus, Atemübungen entspannen ungemein und regulieren so ganz natürlich den Säure-Basen-Haushalt.

2.12 Ernährung gegen Burn-out

Ganz klar. Und natürlich die Ernährung. Es gibt saure Lebensmittel und basische Lebensmittel. Das hat natürlich nichts damit zu tun, wie diese Lebensmittel schmecken. Fragen Sie doch Ihre Refluxpatienten, auf was sie Sodbrennen bekommen. Nicht auf saure Gurken, nicht auf Gemüse. Aber auf Süßigkeiten, auf Brot, in der Regel auf ballaststoffarme Kohlenhydrate – meine Kinder nennen das „Süßkram".

Oder auch durch Alkohol oder Zigaretten Eine Zigarette erhöht die Magensäureproduktion für fast vier Stunden. Ich habe viel endoskopiert in meinem Leben. Wie gesagt, bereits morgens ab 7 Uhr. Und wenn ein Patient morgens um 7 Uhr zur Endoskopie kam und der Magen war voll mit Magensäure, dann war klar, er hatte vorher „zum Abbau" von Stress noch mal schnell eine geraucht.

In der Steinzeit gab es kein Fastfood
Und wenn wir übersäuert sind, dann kompensiert natürlich der Körper. Wir bilden in der Belegzelle des Magens Salzsäure, welche in den Magen sezerniert wird und

gleichzeitig Bicarbonat, welches ins Blut abgegeben wird. So sollte es sein. Das System ist auch balanciert. Das Problem ist nur, dass wir früher nur Wild gegessen haben und nicht Schweinefleisch aus Mastbetrieben etc., dass es Süßigkeiten nicht gab, dass es weder McDonalds, Fast Food noch Frittiertes gab. Wir aßen Wild, wir sammelten Beeren, wir ernährten uns sehr ausgewogen und bewegten uns regelmäßig (wie gesagt, CO2-Abatmung). Und unser Säuren-Basen-Haushalt war in Ordnung.

„Moderner" Lebensstill fördert Übersäuerung und Burn-out

Heute rauchen wir, trinken (zu viel) Alkohol, essen hochglykämische Kohlenhydrate, wir haben ständig Stress, gleichzeitig bewegen uns zu wenig, und, und, und. Dann evtl. noch zusätzlich Medikamente, z. B. wenn die Gelenke schmerzen, etwas Ibuprofen oder andere NSAR, als KHK-Patient natürlich als Dauer-Medikation ASS und gegen die Übersäuerung dann noch einen PPI (damit treiben Sie jeden Patienten in den B12-Mangel, da die aktive Resorption von B12 gestört ist und nur noch 1 % passiv aufgenommen werden kann (Gröber 2014). Dies nur nebenbei (Weitere Infos unter www.dr-walle.de).

Die schleichende Übersäuerung macht irgendwann Probleme

Und so übersäuern wir langsam und chronisch das Bindegewebe, manche nennen das später Fibromyalgie. Unser Körper versucht zu puffern und zu puffern, doch wenn wir nicht mehr puffern können, wenn die Laugen als

Puffer aufgebraucht sind, dann sind wir eben ausgelaugt, Burn-out. Und das macht sich natürlich bemerkbar. Wenn der Sportler übersäuert, das merkt er. Der Muskel macht dicht, keine Fettverbrennung, nichts mehr. Krämpfe. Aussteigen. Doch bei uns alles weniger dramatisch, alles chronisch, alles schleichend. Und deshalb fühlen wir uns matt, schlapp, körperlich wie geistig, weil unsere Mitochondrien nicht mehr funktionieren.

Mikronährstoffe – zur Prävention wie auch Therapie
Ja, die Mitochondrien, was brauchen die denn? Die brauchen CoEnzym Q10, die brauchen B-Vitamine, die brauchen Selen, die brauchen vor allen Dingen auch Magnesium (Döll und Walle 2011). Mikronährstoffe also. Von denen haben wir meistens zu wenig (Max Rubner-Institut 2013). Warum? Ganz einfach, weil wir viel weniger essen, als früher und das, was wir essen, auch meist noch nährstoffarm ist. Fast Food tut es nicht, Fertigprodukte ebenso nicht. Und Coffee to go mit einem „Teilchen to go" hilft auch nicht weiter. Auf der anderen Seite schwemmt Alkohol Magnesium aus, verbrauchen wir viele dieser Stoffe bei Stress.

Investieren Sie in Ihr Essen – der ROI ist Ihnen sicher
Und die Lebensmittelqualität ist auch schlechter als in der Steinzeit. Deshalb investieren Sie in Ihre Ernährung. Viel, viel Gemüse, idealerweise aus biologischem Anbau. Noch besser ist ein eigener Garten – Gartenarbeit kann sehr entspannen...

Wichtig sind hochwertige Eiweißträger, natürlich auch Bio. Fisch, aber nicht schadstoffbelastet. Beeren, Pilze, hochwertige Öle (Olivenöl, Rapsöl, aber auch Kürbiskernöl, Leinöl usw.), Omega-3-Fettsäuren, je mehr desto besser. Ich persönlich glaube, dass wir unser Omega-6 zu Omega-3-Verhältnis nur dann in Ordnung bringen können, wenn wir zusätzlich hochwertige Omega-3-Kapseln einnehmen und zusätzlich auch die Ernährung umstellen. Und dann brauche ich natürlich noch Vitamin D. Die Daten belegen, dass etwa 80 % der Bevölkerung einen Vitamin D-Mangel haben (Max Rubner-Institut 2013). Die Erklärung für diesen Mangel ist ganz einfach: Vitamin D bilden wir nur unter genügender UV-B-Einstrahlung im Sommer in der Mittagszeit (wann sind Sie mittags draußen?), im Winter, d. h. von Oktober bis März läuft gar nichts. Deshalb ist der Vitamin D-Mangel weit verbreitet.

2.13 Vitamin D täglich statt wöchentlich

Und heute wissen wir, dass Vitamin nicht nur für die Knochen wichtig ist. Vitamin D hat in unserem Stoffwechsel vielfältige Funktionen, Vitamin D-Mangel fördert Krebserkrankungen, Herzinfarkt, Depressionen, Übergewicht, Typ-2-Diabetes, MS, Störung des Immunsystems, Infektionen und, und, und (Gröber und Kisters 2015). Die Liste ist lang. Und glauben Sie mir, die Studien sind nicht widersprüchlich. Studien, die diese positiven Effekte nicht zeigen, haben Vitamin D falsch eingesetzt. Einmal wöchentlich oder alle 14 Tage, manche geben sogar alle vier Wochen Vitamin D. Aber ich sage Ihnen, einmal die Woche 20.000 Einheiten Vitamin D, das ist in Ordnung, wenn ich eine Osteoporose verhindern will. Daher kommt diese Dosierungsempfehlung. Aber wir kennen heute so vielfältige Wirkungen von Vitamin D. In 200 Geweben wurden Vitamin D-Rezeptoren nachgewiesen. Und diese Gewebe brauchen das intakte Vitamin D. Dies hat eine Halbwertszeit von etwa 12 h. Das heißt, Sie müssen Vitamin D täglich einnehmen, nicht wöchentlich, wenn Sie diesen Zusatznutzen haben wollen (Hollis 2013). Und wenn wir früher wöchentlich 20.000 Einheiten pro Woche empfohlen haben, sind dies dann etwa 3000 I. E. pro Tag.

Im Winter mehr, im Sommer weniger

Im Winter empfehle ich 4000 Einheiten, im Sommer nur 2000 Einheiten. Weil etwas draußen sind wir ja mittags, hoffentlich. Und wenn Sie das alles nicht glauben, oder wenn Sie sicher gehen wollen, dann messen Sie doch einfach Ihren Vitamin D Spiegel. Etwas mehr als 20 EUR, das ist doch kein Thema. Ich biete diese Messung allen meinen Patienten an und siehe da, die meisten haben einen Mangel. Die Studien bestätigen sich, 80 % und mehr haben einen Mangel. Und ein Vitamin D-Spiegel sollte nicht ausreichend sein, also über 30 bzw. 75 liegen, sondern er sollte gut sein, also zwischen 40 und 50 mg/ml bzw. 100 und 150 nmol/l.

2.14 Vitamin B12 Mangel durch Säureblocker

Und wenn Sie einen Säureblocker (PPI) einnehmen oder auch verordnen, dann empfehlen Sie Ihren Patienten hoch dosiert Vitamin B12. Da nur noch 1 % passiv resorbiert wird, müssen Sie quasi, um auf 100 % zu kommen, das 100fache geben (D.A.CH. Referenzwerte für die Nährstoffzufuhr 2015). Also das 100fache von 100 %, das sind dann eben 10.000 % NRV. Wir sind dann in einer Dosierung von 250 bis 300 µg/Tag, statt 2,5 bzw. 3 µg/Tag. Viel zu viel? Nein, definitiv nicht. Lesen Sie doch einfach die neuen Empfehlungen der deutschen Gesellschaft für Ernährung (Deutsche Gesellschaft für Ernährung 2015). Hier steht eindeutig, dass bei älteren Patienten oder bei Einnahme von PPI die passive Resorption ausgenutzt werden muss, da Vitamin B12 nicht mehr aktiv resorbiert wird. Sie können es entweder injizieren oder Sie geben eben die entsprechende höhere Dosis oral. Und ganz klar sagt die DGE, dass selbst Dosen von 5 mg/Tag (braucht kein Mensch) keine Nebenwirkung hätten.

Übrigens, das Gleiche passiert, wenn Sie oder Ihre Patienten Metformin einnehmen (Gröber 2014; Gröber und Kisters 2015). Also bitte dran denken (Weitere Infos unter www.dr-walle.de).

Natürlich aus der Natur
Sie sehen also, eine vernünftige Ernährung mit viel Gemüse als Ballaststoffträger und als Träger von Vitaminen, Mineralstoffen und Spurenelementen ist wichtig. Deshalb ist auch Gemüse wichtiger als Vollkornprodukte.

Diese liefern zwar auch Ballaststoffe, aber gleichzeitig auch viel Energie in Form von Kohlenhydraten. Gemüse sind wasserreich, deshalb haben sie eine geringe Energiedichte. Salat und Gemüse ohne Ende, mit hochwertigen Ölen und der Körper ist schon mal perfekt versorgt. Wenn dies nicht reicht oder wenn Sie zu den Risikopatienten gehören oder Medikamente einnehmen (s. oben), dann eben entsprechende Mikronährstoffsupplements.

Mikronährstofftherapie – auch für Ihre Patienten
Übrigens, ich empfehle allen meinen Kollegen, sich ausbilden zu lassen in der Mikronährstofftherapie. Das ist auch der Grund, warum ich jedes Wochenende Seminare halte, weil ich hier Kollegen weiterbilde. Dies nur nebenbei. Und plötzlich erweitern Sie Ihr Therapiespektrum. Und plötzlich haben Sie nicht mehr das Problem, dass Patienten unter Statin-Therapie Muskelschmerzen entwickeln, da Sie gleich von Anfang an hoch dosiert Coenzym Q10 dazu geben, bzw. in vielen Fällen auf Statine verzichten können, wenn Sie wirkliche Lifestyle-Änderungen umsetzen. Mit vernünftigen, wissenschaftlich anerkannten Konzepten. Und plötzlich ergänzt sich das Ganze. Ich rede nicht von Alternativmedizin oder Alternativen zur Schulmedizin. Ich bin stolz, Schulmediziner zu sein. Aber ich ergänze diese Therapie, das ist für mich ergänzend, komplementär, integrativ, wie Sie es nennen wollen. Hauptsache, Sie machen alles vernünftig, Sie orientieren sich am aktuellen Stand der Wissenschaft, den Studien und machen nicht nur die Medizin, die die Krankenkassen bezahlen. Das wäre auf Dauer frustrierend und nicht zum Nutzen Ihrer Patienten.

Bitte verstehen Sie mich nicht falsch. Wir haben ein hervorragendes Gesundheitssystem. Wenn Sie krank sind, bekommen Sie auch alles Notwendige bezahlt. Nur bei der Prävention, da hapert es eben. Und der Übergang von „Befindlichkeitsstörungen", zunehmender Mangelversorgung an Mikronährstoffen (siehe Vitamin D oder Omega-3-Fettsäuren) hin zur Krankheit ist schleichend, der ist fließend.

2.15 Was hat Diabetes mit Zivilisation zu tun?

Wir wissen heute, dass in den westlichen Industrienationen es 10 bis 12 Jahre, von Nüchtern-Blutzuckerwerten im oberen Normbereich (als Zeichen der unkontrollierten Glukoseabgabe bei einer Fettleber) bis zur Erstdiagnose Typ-2-Diabetes dauert (Tabak 2009). Und wenn Sie Pech haben, wird diese erste Diagnose Typ-2-Diabetes im Rahmen eines stationären Aufenthaltes gestellt, nach Herzinfarkt oder Schlaganfall. Das muss doch nicht sein. Deshalb erweitern Sie Ihr Therapiespektrum, bieten Sie Präventionsleistungen an.

Fangen Sie bei sich selbst an!
Aber setzen Sie diese auch für sich selbst um. Zeitmanagement ist das eine, aber die Umsetzung ist das andere. Lifestyle ist das Thema. Leben Sie Ihr Leben, leben Sie es so, wie es vernünftig ist, wie es zu Ihnen passt. Hier kann ich Ihnen nur Tipps geben. Die Lösung müssen Sie letztendlich selbst finden.

Aber das können Sie nur, wenn Sie es ausprobieren und wenn Sie sich überhaupt mal Gedanken darüber machen.

Literatur

Ärzte Zeitung (2013) Sucht: Ein unterschätztes Problem der Ärzteschaft. http://www.aerztezeitung.de/politik_gesellschaft/berufspolitik/article/844350/sucht-unterschaetztes-problem-aerzteschaft.html. Zugegriffen: 22. Aug. 2013

Badura B (2015) Fehlzeitenreport 2015. Springer, Berlin

Becker C, Walle H (2014) Ärztlich betreut, ambulant gegen Adipositas. Aktuelle Ernährungsmedizin 39(4):256–269

Bedogni G et al (2006) The Fatty Liver Index: a simple and accurate predictor of hepatic steatosis in the general population. BMC Gastroenterol 6(1):33

DAG e. V. (2014) Interdisziplinäre Leitlinie der Qualität S3 zur Prävention und Therapie der Adipositas, Version 2.0, April 2014, AWMF-Register-Nr. 050/001. DAG e. V., Martinsried

Deutsches Ärzteblatt. Ärztemonitor (2014) Niedergelassene schätzen ihren Beruf, aber nicht alle Rahmenbedingungen. http://www.aerzteblatt.de/nachrichten/59272. Zugegriffen: 4. Juli 2014

Deutsche Gesellschaft für Ernährung, Österreichische Gesellschaft für Ernährung, Schweizerische Gesellschaft für Ernährungsforschung, Schweizerische Vereinigung für Ernährung (Hrsg.) (2015) Referenzwerte für die Nährstoffzufuhr. 2. Aufl., 1. Ausgabe. Deutsche Gesellschaft für Ernährung, Bonn

Diefenbach C et al (2013) Suchterkrankungen bei Ärzten: Sanktionieren und Helfen sind kein Widerspruch. Deutsches Ärzteblatt 110(21):A-2028

Döll M, Walle H (2011) Vitalstoffe von A bis Z. Herbig, München

Donnelly KL et al (2005) Sources of fatty acids stored in liver and secreted via lipoproteins in patients with nonalcoholic fatty liver disease. J Clin Invest 115(5):1343–1351

Follmer R, Leinert J (2012) Ärztemonitor 2012 – Langfassung der Präsentationsunterlagen Pressekonferenz am 5. Juni 2012, Berlin

Gesundheitsberichterstattung des Bundes (2016) Stress. http://www.gbe-bund.de/gbe10/abrechnung.prc_abr_test_logon?p_uid=gast&p_aid=0&p_knoten=FID&p_sprache=D&p_suchstring=8612. Zugegriffen: 6. Juli 2016

Gröber U (2014) Arzneimittel und Mikronährstoffe, Medikationsorientierte Supplementierung. Wissenschaftliche Verlagsgemeinschaft, Stuttgart

Gröber U, Kisters K (2015) Arzneimittel als Mikronährstoff-Räuber – Was Ihr Arzt und Apotheker ihnen sagen sollten. Wissenschaftliche Verlagsgemeinschaft, Stuttgart

Heidemann C, Du Y, Scheidt-Nave C (2012) Wie hoch ist die Zahl der Erwachsenen mit Diabetes in Deutschland? DEGS-Symposium. Robert Koch-Institut, Berlin

Hollis B et al (2013) The role of the parent compound vitamin D with respect to metabolism and function: why clinical dose intervals can affect clinical outcomes. J Clin Endocrinol Metab 98(12):4619–4628

Jütte R (2013) Leben Ärzte länger? Eine medizinhistorische Betrachtung, Dtsch Med Wochenschr 138:2666–2670

Julia E et al (2015) Reasons why physicians and advanced practice clinicians work while sick a mixed-methods analysis. JAMA pediatrics 169(9):815–821. doi:10.1001/jamapediatrics.2015.0684

Lerchbaum E et al (2013) The fatty liver index is associated with increased mortality in subjects referred to coronary angiography. Nutr Metab Cardiovasc Dis 23(12):1231–1238

Lim EL et al (2011) Reversal of type 2 diabetes: normalization of beta cell function in association with decreased pancreas and liver triacylglycerol. Diabetologia 54(10):2506–2514

Marburger Bund Ärztemonitor (2015) Arbeitsbelastungen im Krankenhaus. MB-Pressestelle. www.marburger-bund.de. Zugegriffen: 19. Sept. 2016

Max Rubner-Institut (2013) Nationale Verzehrstudie II Lebensmittelverzehr und Nährstoffzufuhr auf Basis von 24 h-Recalls. Max Rubner-Institut, Karlsruhe

Pschyrembel W (2014) Pschyrembel, klinisches Wörterbuch. De Gruyter; 266. Aufl. De Gruyter, Berlin

Schilke F (2012) Leben Ärztinnen und Ärzte in der BRD länger? Pressemitteilung der Deutsche Eliteakademie, Juni 2012

Schuler R (1980) Definition and conceptualization of stress in organizations. Organizational Behavior and Human Performance, Bd 25, 2. Aufl., S 184–215

Tabak AG et al (2009) Trajectories of glycaemia, insulin sensitivity, and insulin secretion before diagnosis of type 2 diabetes: an analysis from the Whitehall II study. Lancet 373:2215–2221

Vester F (2002) Phänomen Stress – Wo liegt sein Ursprung, warum ist er lebensnotwendig, wodurch ist er entartet? dtv Verlagsgesellschaft, 19. Aufl. dtv Verlagsgesellschaft, München

Walle H (2013) Iss Dich fit oder wie man durch richtiges Essen Gesundheit, Leistungsfähigkeit und Erfolg steigern kann. In: Buchenau P (Hrsg) Chefsache Gesundheit. Springer Gabler, Berlin

Walle H (2015) Medizinische Diskussion. Nutzen: Therapeutische Indikation. Dtsch Arztebl Int 112(9):143–144

Worm N (2009) Glücklich und schlank 8. Aufl. Systemed, Lünen

Worm N (2016) Menschenstopfleber, Riva, 1. Aufl. Münchner Verlagsgruppe GmbH, München

Worm N, Segler K (2014) Volkskrankheit Fettleber, Systemed, 2. Aufl. Systemed, Lünen

3

10 Tipps gegen Frust und Stress – für mehr Freude am Leben

3.1 Werden Sie sich über Ihre Ziele bewusst

Eine bewusste Lebensplanung ist das A und O. Definieren Sie Ihre Lebensplanung schriftlich. Ist Ihr Lebensziel ein Porsche und eine eigene Jacht oder ein glückliches Familienleben? Was verstehen Sie unter Work-Life-Balance? Erfolgreich arbeiten und nebenher Freizeit oder überwiegend Freizeit und Sie arbeiten, um das Ganze finanzieren zu können? Was wollen Sie, was Menschen nach Ihrem Tod über Sie sagen? Was bleibt, was haben Sie bewegt, worin sehen Sie den Sinn des Lebens?

© Springer Fachmedien Wiesbaden 2017
H. Walle, *Der Anti-Stress-Trainer für Mediziner,*
DOI 10.1007/978-3-658-12395-6_3

3.2   Wer wollen Sie sein, was ist Ihr Rollenbild?

Verstehen Sie sich primär als Arzt, Heiler und Helfer oder eher als Geschäftsfrau oder Geschäftsmann? Sind Sie Mutter oder Vater oder definieren Sie sich über den Marathonlauf? Bewältigen Sie Ihre Midlife-Crisis lieber mit einer Harley, einer Freundin oder der „organisierten" (Massen)-Besteigung des Kilimanjaro? Oder lassen Sie sich in eine andere Rolle pressen?

Lernen Sie selbstbestimmt zu leben und definieren Sie Ihre Rolle selbst, übernehmen Sie Verantwortung für Ihr Leben!

3.3   Schweigen ist Silber, Reden ist Gold

Wir Ärzte reden viel im Beruf, doch ist das Reden meistens eine Einbahnstraße. Wir haben ja schließlich ein Sprechzimmer und kein Zuhörzimmer. Und wir sagen dem Patienten wo es lang geht, nicht er uns. Das überträgt sich leider oft auch ins Privatleben und in die Freizeit. Und (unnötiger) Stress entsteht oft durch Kommunikationsprobleme im Praxisteam, mit Patienten, in der Familie, in der Ehe. Sie haben es ja so nicht gemeint oder es gar nicht erst gesagt. Und besonders schwer fällt es uns Ärzten, über Probleme, Krankheiten, eigene Schwächen zu reden. Wir sind schließlich unverwundbar, wir heilen uns selbst, „Indianer kennen keinen Schmerz". Kollegen die eigenen Probleme anzuvertrauen, das geht gar nicht! Aber vertrauen Sie sich wenigstens Ihrem Partner oder einem Freund an. Meine Erfahrung: Frauen sind für Männer meist die besseren Ratgeber.

3.4   Liebe deinen Nächsten wie dich selbst

„In einem gesunden Körper wohnt ein gesunder Geist". Wir vernachlässigen unseren Körper, gehen davon aus, dass er funktioniert, ansonsten wird eben etwas „nachgeholfen". Investieren Sie Zeit in Ihren Körper, lieben Sie Ihren Körper, pflegen Sie Ihren Körper, trainieren Sie Ihren Körper, ernähren Sie Ihren Körper gut und gönnen Sie ihm Ruhe und Regeneration.

Es ist erschreckend, wie viel Geld wir ausgeben, um uns aktiv umzubringen: Zigaretten, Alkohol, Süßigkeiten, aber auch übertriebener Sport (Rennen nach Zeiten) oder Bodystyling statt vernünftigem Muskeltraining.

Damit unser Körper funktioniert, sollten Sie ihm das geben, was er unbedingt benötigt: Essenziell sind für uns Omega 3 Fettsäuren, wichtige Aminosäuren wie Tryptophan, aber auch Vitamin C. Alkohol erhöht die Magnesiumausscheidung, wenn Sie mittags nicht ins Freie gehen können, leiden Sie unter Vitamin D-Mangel, Stress verbraucht zusätzlich Vitamin C etc. Essen Sie deshalb viel und hochwertiges Gemüse, Obst, Olivenöl, Rapsöl, Omega-3-reichen Fisch etc.

Sie können ja Ihren Vitamin D-Spiegel auch mal selbst messen oder sich von einem kundigen Kollegen beraten lassen. Ach ja, Ärzte gehen ja nicht gerne zu anderen Kollegen.

3.5 Pausen sind keine vergeudete Zeit

Für uns Ärzte ist doch Freizeit gleichbedeutend mit „unverplanter Zeit". Doch Pausen spielen für die Gesundheit eine ganz entscheidende Rolle. Regeneration ist das Zauberwort. Entspannung erfolgt auf Anspannung. Pause auf Belastung. Wir regenerieren vorwiegend nachts, hierzu ist jedoch das Schlafhormon Melatonin wichtig, was auch die Ausschüttung von Somatotropin als Regenerationshormon fördert. Wie bereits gesagt, Ihr Körper bildet Melatonin durch Abbau von Serotonin. Und damit Sie einen ausreichenden Serotonin-Spiegel haben, müssen Sie sich gut mit Aminosäuren, insbesondere Tryptophan, versorgen.

Ein hoher Blaulichtanteil (Leuchtstoffröhren, Stromsparlampen, LED-Licht (iPad, Tablet, Handy, Bildschirm, Fernseher) unterdrückt jedoch die Melatoninbildung. Für einen erholsamen und regenerativen Schlaf stören natürlich auch Alkohol, Koffein und Stresshormone. Deshalb abends entspannen anstatt anspannen, regenerativen Sport machen statt Leistungssport und tagsüber auch Pausen einplanen. Powernapping in der Mittagspause, eine Pause in der Vormittagssprechstunde, um sich mit dem Team auszutauschen, alle zwei Stunden in der Terminplanung mindestens 10 bis 15 min Puffer einplanen.

3.6 Selbstbestimmt statt nur selbst(und)ständig

Sie haben sich niedergelassen und den Schritt in die Selbstständigkeit gewagt, weil Sie Ihr eigener Herr sein wollten. Doch nun ist genau das Gegenteil der Fall. Die Kassen diktieren Ihnen, welche Medizin Sie machen, Patienten sind zum Teil Zeiträuber, die Verwaltungs- und Dokumentationsarbeit nimmt überhand und kostet Sie viel Zeit, statt sich um Ihre Patienten zu kümmern. Gutachtenanfragen, Regresse rauben Ihnen zusätzlich Zeit und Fortbildungen sind eventuell auch notwendig, da Sie vielleicht noch nicht alle Fortbildungspunkte zusammen haben."Kreisverein, Ärztezirkel, daneben noch Familie, alle wollen etwas von mir, für alle soll ich da sein und für mich bleibt keine Zeit."

Sie müssen sich Zeit nehmen etwas zu ändern, sonst ändert sich nichts! (Nichts ändert sich, außer ich ändere mich!).

3.7 Was ich nicht ändern kann, darüber ärgere ich mich nicht

„Ich bin froh, dass es heute regnet", hat mal ein Freund zu mir gesagt. Verwundert fragte ich zurück, was er damit meine. „Ganz einfach, wenn ich nicht froh wäre, würde es trotzdem regnen". Dieser Spruch entbehrt zwar jeglicher Logik, enthält aber dennoch viel Wahrheit. Dinge, die ich nicht ändern kann, über diese rege ich mich nicht auf. Wie bereits erwähnt, wenn trotz perfekt geplanter Terminsprechstunde durch einen Notfall das komplette System zusammenbricht, dann sind nicht Sie Schuld, Sie brauchen auch keine Schuldgefühle zu haben oder irgendwie die fehlende Zeit abzuarbeiten. Informieren Sie ganz einfach Ihre Patienten und akzeptieren Sie die Situation. Und wenn Sie rechtzeitig zu einer Fortbildung losgefahren sind und wegen eines Verkehrsunfalls im Stau stehen, dann sollte Sie dies nicht stressen, sondern seien Sie froh, dass es Sie nicht selbst getroffen hat.

So manches relativiert sich dann ganz schnell von allein. Mein Schwager aus Brüssel wollte von einem Geschäftstermin am 22. März 2016 aus Barcelona nach Brüssel zurück fliegen, wurde aber im Stau aufgehalten und hat den Flug verpasst. Dadurch war er bei dem Terroranschlag mit Bombenexplosion am Brüsseler Flughafen am 22. März noch nicht gelandet, sondern saß zu diesem Zeitpunkt in der Abflughalle in Barcelona. So schnell kann aus Ärger und Stress Glück werden!

3.8   „Use it or lose it"

Was wir nicht benutzen, bildet sich zurück, unser Körper adaptiert. Ich kenne das aus der Ernährungsberatung. Wenn jemand 20 k abnimmt und keinen Sport macht oder Krafttraining, werden sich seine

Oberschenkelmuskeln verkleinern, da er eben nun 20 k weniger zu tragen hat. Oder wenn Sie den ganzen Tag in der Praxis sitzen und abends noch am Schreibtisch, wird sich Ihr Körper entsprechend adaptieren: Die Rückenmuskulatur wird degenerieren und Sie werden Rücken- und Nackenschmerzen haben, die Beinmuskulatur bildet sich zurück und Gelenkprobleme sind vorprogrammiert. Auch Ihr Herz-Kreislauf-System ist weniger trainiert und die Durchblutung verschlechtert sich. Da können Sie noch so viel Denken wie Sie wollen, schlechtere Durchblutung heißt auch schlechtere Gehirnfunktion.

Deshalb trainieren Sie Ihren Körper, fördern Sie die Durchblutung, verbessern Sie damit Ihre Herz-Kreislauf-Situation, erhöhen Sie Ihr HDL-Cholesterin und beugen Sie Herzinfarkt, Schlaganfall und Demenz vor. Und beim Sport, beim Laufen bauen Sie nicht nur die Stresshormone ab und fördern dadurch die Durchblutung, Sie schalten auch von dem ganzen Stress ab, Ihre Gedanken werden frei und es kommen Ihnen gute Ideen. Wenn Sie täglich eine halbe Stunde in Bewegung investieren, werden Sie insgesamt mindestens eine Stunde pro Tag gewinnen. Darüber gibt es zwar keine doppelblind Placebo-kontrollierten Studien, aber glauben Sie mir, es funktioniert. Und hören Sie beim Sport lieber auf Ihr Körpergefühl und nicht auf irgendwelche stressigen Messinstrumente.

3.9   Der Tag hat 24 Stunden, Sie müssen ihn nur richtig planen

Glauben Sie mir, ich habe schon viele Zeitmanagement-Bücher gelesen. Zum Teil ist es schade um die Zeit, die ich damit verbraucht habe. Es gibt kein Zeitmanagement, das für jeden passt.

Umgekehrt können Sie nicht erwarten, dass Sie völlig ungeplant in einen Tag starten, an dem am Ende alles gepasst hat. Deshalb planen Sie am besten schriftlich, analysieren Sie anschließend und planen dann erneut. So können Sie Ihre Tage optimieren. Planen Sie insbesondere Dinge, die Ihnen wichtig sind ein: Sie planen Patiententermine ein, Sie planen Fortbildungen ein, planen Sie aber auch mal ein Abendessen mit Ihrer Frau oder Ihrem Mann im Restaurant im Voraus ein, planen Sie Zeit für Ihre Kinder ein, planen Sie auch Regenerationsphasen und sportliche Aktivitäten ein. Planen Sie Ihre Freizeit! Oder planen Sie auch mal das „Nichtstun“:

Ich kenne viele Kollegen, die planen ihren Urlaub wiederum so perfekt, dass dies wieder zu Stress führt.

3.10 Wichtig vor dringlich

Deshalb, planen Sie erst das Wichtige, nicht das Dringliche. Dringend ist irgendwann alles, auch das Unwichtige. Was Ihnen wichtig ist, dafür sollten Sie sich Zeit nehmen und dann bleibt die knappe Zeit für die unwichtigen Dinge. Und wenn Sie diese dann nicht erledigen, was soll's. Neigen Sie nicht zu Perfektionismus, wir schaffen eh nicht alles. Wenn Sie dies versuchen, dann werden Sie Stress haben und im Burn-out landen.

Wenn Sie eine gewisse Gelassenheit an den Tag legen (und sich selbst nicht so wichtig nehmen), werden Sie viel glücklicher sein.

Das wünsche ich Ihnen von ganzem Herzen!

Ihr

Hardy Walle

Printed in the United States
By Bookmasters